Maria Angela Cernigliaro

Più scrivo più parlo

Materiale per la produzione scritta e orale

2

B1-B2

ornimi
EDITIONS

Maria Angela Cernigliaro è nata a Napoli dove si è laureata in Lettere Classiche e in Storia e Filosofia. È in possesso di un master in Didattica dell'Italiano a stranieri (LS e L2) e ha conseguito il Dottorato in Letteratura Italiana. Oggi vive ad Atene dove insegna lingua e cultura italiana presso il Centro Linguistico dell'Università Capodistriaca. È autrice di manuali per l'insegnamento e l'apprendimento della lingua italiana e neogreca, di saggi letterari e romanzi.

Redazione:
Alessandra Vitali

Impaginazione e progetto grafico:
ORNIMI Editions

Foto:
Shutterstock

Copyright © 2023 ORNIMI Editions
Ristampa: settembre 2024
Lontou 8 10681 Atene
Tel. +30 210 3300073
info@ornimieditions.com
www.ornimieditions.com

ISBN: 978-618-5554-21-7

"non fotocopiando un libro aiutiamo tutti coloro che lo creano"

L'Editore è a disposizione degli aventi diritto che non è stato possibile rintracciare e per eventuali omissioni o inesattezze.
Tutti i diritti di traduzione, memorizzazione elettronica, riproduzione e di adattamento parziale o totale, tramite qualsiasi mezzo (digitale o supporti di qualsiasi tipo), di quest'opera, sono riservati in Italia e all'estero.

Presentazione

Più scrivo più parlo! è nato dalla lunga esperienza dell'autrice, maturata nel campo dell'insegnamento della lingua italiana agli stranieri. Si tratta di un progetto didattico in tre volumi: il primo per i livelli A1-A2, il secondo per i livelli B1-B2 e il terzo per i livelli C1-C2, in linea con le direttive del Quadro Comune Europeo di Riferimento per la conoscenza delle lingue (QCER). I tre volumi si rivolgono a studenti d'italiano di ogni fascia d'età, adolescenti, giovani e adulti, che desiderino sviluppare le competenze necessarie nell'abilità di produzione scritta e orale e/o a prepararsi a sostenere un esame di Certificazione linguistica (Celi, Cils, Plida, ecc.).

Il presente volume, come il precedente, comprende in tutto **20 unità** tematiche: **10 unità per il livello B1** - accompagnate da un'unità introduttiva - e **10 unità per il livello B2**. Tutte le unità possono essere utilizzate per affiancare un manuale di lingua italiana per stranieri, oppure in autoapprendimento, grazie alle soluzioni presenti in appendice. La sequenza degli argomenti, infatti, rispetta l'ordine di apprendimento presentato da qualsiasi manuale d'italiano per stranieri che segua i criteri didattici del QCER. Nonostante ciò, è possibile gestire la sequenza delle unità in modo autonomo e indipendente, visto che l'aspetto lessicale, pragmatico, morfosintattico e semantico è specifico e relativo al contesto argomentativo trattato in ogni unità. Per permettere allo studente una corretta produzione scritta e orale su diversi argomenti, pertanto, ogni unità del presente volume comprende:

- lessico specifico
- due composizioni svolte
- varie attività di comprensione
- esercizi lessicali e morfosintattici finalizzati
- suggerimenti pratici e utili
- esercizi ludici
- attività comunicative di riutilizzo creativo
- immagini e grafica accattivante e stimolante

Come si ricava dal titolo, obiettivo di questa collana di libri è di incoraggiare ogni tipo di studente, anche il più timido, a riflettere sulla lingua attraverso l'attività di scrittura, organizzando il pensiero con chiarezza e coesione, e a esprimersi con fluenza, senza esitazioni, nei quotidiani contesti comunicativi. Tale procedimento, inoltre, permetterà allo studente di poter assimilare la lingua dei parlanti nativi in modo interessante e coinvolgente, acquisendo strategie utili che lo accompagneranno dagli inizi fino al livello superiore, dove potrà facilmente destreggiarsi nella scrittura di testi più articolati e nel condurre in modo efficace una conversazione in vari contesti. In conclusione, ringraziamo tutti coloro che vorranno darci suggerimenti utili a migliorare la nostra collana nelle successive edizioni.

Obiettivi del QCER (Quadro Comune Europeo di riferimento per le lingue) per la prova di produzione scritta e orale.

Livello B1 (livello intermedio)
Lo studente di questo livello deve sviluppare abilità linguistiche scritte e orali tali da **gestire situazioni ampiamente prevedibili della sua vita (personale, familiare, sociale e lavorativa) in contesto italiano**, esprimendo in modo semplice i suoi sogni e le sue speranze, esponendo **brevemente** i motivi e dando informazioni o spiegazioni.

Produzione scritta
Lo studente deve essere in grado di

- compilare formulari di uso ricorrente;
- scrivere lettere a parenti e amici;
- scrivere brevi cronache;
- scrivere messaggi semplici, annunci e inserzioni, (anche informali, ma standardizzati), riferiti ad eventi ricorrenti della vita quotidiana.

L'uso della lingua deve essere in larga misura prevedibile. Lo studente è in grado di narrare al presente, passato e al futuro, dimostrando di sapersi orientare nell'uso dei tempi presente, passato prossimo, futuro semplice del modo indicativo, nonché dell'imperfetto descrittivo ed iterativo. Deve inoltre saper ricorrere all'uso del condizionale presente come modo per esprimere richieste, bisogni, desideri in forma cortese; e deve saper usare il modo imperativo del verbo anche nella forma di cortesia. Deve inoltre mostrare di saper costruire frasi del tipo coordinativo e subordinativo più ricorrente.

Produzione orale
Lo studente deve essere in grado di

- parlare di sé;
- fornire semplici descrizioni della sua famiglia, della sua città, della sua abitazione, della sua attività o dei suoi hobby;
- descrivere immagini esprimendo semplici valutazioni su di essa;
- interagire in un role-play di ricorrenza e utilità quotidiana, dimostrando di comprendere domande e fornendo risposte appropriate.

Il suo repertorio lessicale deve essere equivalente a quello indicato per la produzione di testi scritti.

Livello B2 (livello intermedio)
Lo studente di questo livello deve sviluppare abilità linguistiche scritte e orali tali da **saper gestire non solo situazioni non familiari, ma anche situazioni che richiedono l'utilizzo di un linguaggio più specifico**, in modo da affrontare tranquillamente viaggi in Italia e poter lavorare e iscriversi a corsi di studio in contesto italiano. Per questo motivo deve essere in grado di interagire con **relativa** scioltezza e spontaneità **su un'ampia gamma di argomenti**, esprimendo le proprie opinioni come pure i pro e i contro di determinate tesi ed opinioni.

Produzione scritta
In forma semplice, ma **coerente e coesa**, lo studente deve essere in grado di

- narrare esperienze personali;
- descrivere persone e situazioni;
- scrivere una breve composizione su temi, aspetti e problemi di vasto interesse nella società contemporanea;
- scrivere lettere informali e formali (per avere o dare informazioni, notizie, consigli, opinioni, per sollecitare risposte, per fare reclami, per illustrare e definire programmi);
- scrivere messaggi, annunci ed inserzioni (per comprare, vendere, scambiare, prendere in affitto, a noleggio, ecc.).

Per espletare questi compiti, lo studente non è costretto ad avere conoscenze specifiche, ma deve saper esporre esperienze e punti di vista personali. Lo studente è in grado di ricorrere all'uso di gran parte della grammatica e della sintassi.

Produzione orale
Lo studente deve essere in grado di

- prendere parte in modo sufficientemente spedito ad una conversazione faccia a faccia;
- descrivere e raccontare, esprimendo in modo semplice, ma logico e corretto, la propria opinione;
- descrivere e commentare un'immagine;
- riassumere un testo;
- gestire un roleplay in modo naturale.

Il suo repertorio lessicale deve essere equivalente a quello indicato per la produzione di testi scritti.

INDICE

		PAG.	FUNZIONE SCRITTA	FUNZIONE ORALE
0	Io e l'italiano	9	Compilare un questionario, scrivere e-mail a una segreteria di una scuola di lingue	Cosa significa imparare una lingua
1	Vacanze studio	19	Riassumere esperienze, raccontare una disavventura	Chiedere informazioni utili per Erasmus
2	Incidenti domestici e non solo	29	Descrivere un incidente domestico, intervenire in un forum	Dare suggerimenti
3	Città o paese	37	Esprimere desideri, contattare un'agenzia immobiliare	Parlare di città e luoghi ideali
4	Fatto di cronaca	47	Notizie da giornali online, raccontare un fatto di cronaca su un forum	Intervenire in una discussione
5	Sì, viaggiare	59	Raccontare un viaggio su un blog, scrivere un'e-mail formale di reclamo / lamentela a un'agenzia turistica	Parlare di esperienze di viaggio
6	Eventi nel fine settimana	69	Scrivere su una pagina di diario, scrivere a un amico per un consiglio	Convincere una persona a fare qualcosa
7	Io lavoro e penso a te…	81	Redigere una lista di suggerimenti, e-mail di accompagnamento al CV per una ditta	Parlare di questioni lavorative, trovare una giustificazione per un ritardo
8	Basta un click: amicizie sui social	91	Interagire su internet, i pro e i contro della rete	Esprimere idee e preferenze sulle amicizie reali e virtuali
9	Buon appetito	101	Scrivere o chiedere una ricetta	Discutere di diete e alimentazione
10	Volontariato	111	Riassumere un breve saggio, scrivere un'e-mail ad un'associazione di volontariato	Discutere di volontariato e di solidarietà

INDICE

		PAG.	FUNZIONE SCRITTA	FUNZIONE ORALE
11	Luoghi comuni e pregiudizi	121	Riferire pregi e difetti di un popolo e spiegare come confutare stereotipi	Discutere delle caratteristiche degli italiani e dei propri concittadini
12	Famiglia	131	Scrivere su un forum per sostenere l'opinione di qualcuno, dare consigli a una mamma in difficoltà	Parlare di famiglia e di relazioni familiari
13	Bellezza e moda	141	Indicare le informazioni principali di un testo e sostenere la propria opinione	Discutere degli odierni canoni e miti della bellezza
14	TV, cinema e teatro	151	Scrivere una recensione a un film-documentario, scrivere per controbattere a dei commenti	Parlare di spettacoli televisivi, cinematografici e teatrali
15	Libri e lettura	161	Scrivere una storia o il finale di una storia e compilare la scheda di un libro	Parlare di libri e lettura
16	La società dei consumi e la pubblicità	171	Riportare una notizia esprimendo la propria opinione, scrivere un breve articolo sulla pubblicità	Discutere di acquisti e consumi
17	Scienza e fantascienza	181	Rispondere online ad un quesito sulla scienza, scrivere una lettera con consigli sulla longevità	Discutere di ricerca e progressi scientifici
18	Cambiamenti climatici	191	Redigere un testo informativo, scrivere una lettera di reclamo a un ente	Discutere di ambiente e cambiamenti climatici
19	Emigrazione e immigrazione	201	Riportare un'intervista su una rivista, scrivere un post al direttore di un giornale	Parlare di emigrazione e solidarietà
20	Arte	211	Descrivere un quadro, dare dei consigli a un insegnante di Storia dell'Arte	Discutere di arte, musei e siti archeologici
	Chiavi	223		

IO E L'ITALIANO

0
livello B1

SCRIVIAMO
Compilare un questionario, scrivere un'e-mail ad una segreteria di una scuola di lingue

PARLIAMO
Cosa significa imparare una lingua

LESSICO

categorie grammaticali (articolo, nome, aggettivo, ecc.), aggettivi per studente (diligente, pigro, ecc.), materiali cancelleria (bianchetto, spillatrice, ecc).

FUNZIONI

compilare un questionario, scrivere un' e-mail ad una segreteria di una scuola di lingue...

ESPRESSIONI

fare confusione, lezione in presenza / da remoto (a distanza), abilità linguistiche, imparare a memoria, pagare le tasse d'iscrizione, apprendere una lingua, esami d'ingresso...

Più scrivo 2 più parlo

1 Con quale lettera inizia il tuo nome o cognome? Trova un sostantivo, un aggettivo e un verbo in italiano (es. lettera M: macchina, magro, mangiare). Dopo, con ognuno di questi, forma una frase.

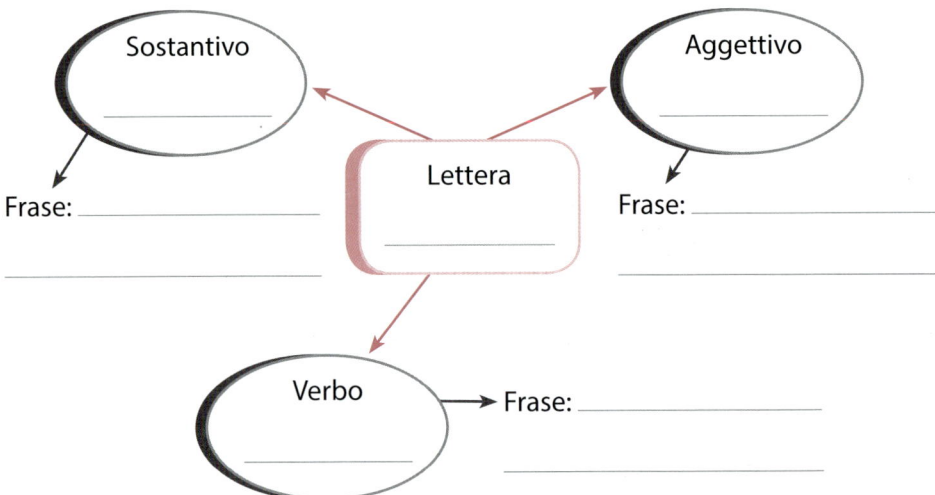

2a Giochiamo a coppie: per ogni categoria indicata, trovate almeno tre esempi.

1. l'articolo: _____
2. il nome: _____
3. l'aggettivo: _____
4. il pronome: _____

5. il verbo: _____
6. la preposizione: _____
7. l'avverbio: _____
8. la congiunzione: _____

2b Nelle seguenti frasi indica a che categoria appartengono le parole sottolineate.

1. <u>Ho studiato</u> l'italiano nel mio Paese <u>per</u> un anno in una scuola di lingue.
2. Vorrei conoscere la <u>lingua</u> e la cultura <u>italiana</u>.
3. <u>Gli</u> italiani parlano <u>velocemente</u> e non sempre capisco tutte le parole.
4. Non conosco bene l'italiano e <u>lo</u> parlo poco.
5. Mi sono iscritta a <u>un</u> corso intensivo, <u>ma</u> non studio molto perché non ho tempo.

1. _____ 2. _____ 3. _____
   4. _____ 5. _____

IO E L'ITALIANO

3 Metti l'accento dove è necessario.

1. e (verbo)
2. li (avverbio di luogo)
3. fa (verbo)
4. da (preposizione)
5. va (verbo)
6. qui (avverbio di luogo)
7. li (pronome)
8. da (verbo)
9. e (congiunzione)
10. sta (verbo)

Parte A

1a Leggi il seguente questionario e sottolinea le parole che non conosci.

Nome e cognome: José Carreras   *Corso:* B1

1. *Dove sei nato/a? Qual è la tua lingua madre?*
   Sono nato a Madrid e la mia lingua madre è lo spagnolo.

2. *Dove hai studiato l'italiano?*
   Ho cominciato a studiare l'italiano un anno fa nel mio Paese.

3. *Perché hai deciso di studiare l'italiano?*
   Ho deciso di studiare l'italiano perché vorrei conoscere la cultura italiana.

4. *La tua lingua è diversa dall'italiano?*
   No, la mia lingua non è molto diversa dall'italiano e perciò spesso faccio confusione.

5. *Secondo te, è difficile la pronuncia dell'italiano?*
   Per me è un po' difficile, soprattutto quando leggo: non so mai dove va l'accento.

6. *Di solito capisci le regole della grammatica italiana?*
   Sì, di solito le capisco, ma poi non riesco a ricordarle quando mi servono e così faccio degli errori.

7. *Quali sono gli errori più frequenti che fai quando scrivi?*
   Quando scrivo, sbaglio gli articoli, le preposizioni e i verbi.

> 8. Che cosa fai per ricordare le parole nuove?
>   Le scrivo su un quaderno e le ripeto molte volte.
> 9. Capisci tutto quando gli italiani parlano?
>   Quasi tutto, se parlano lentamente; quasi niente, se parlano velocemente.
> 10. Riesci a parlare con un italiano?
>   Non sempre. A volte mi mancano le parole.

1b Le seguenti affermazioni sono vere (V) o false (F)?

                                                                          V   F

1. Carreras ha iniziato a studiare l'italiano in una scuola di lingue in Spagna.
2. Impara l'italiano perché ha deciso di vivere in Italia.
3. La sua lingua madre è completamente diversa dall'italiano.
4. Non fa mai errori quando scrive, ma solo quando parla.
5. Usa una strategia per non dimenticare le parole che impara.
6. Capisce tutto quando gli italiani parlano, ma qualche volta non riesce a parlare.

2 Completa con la preposizione verbale corretta.

1. Tu non riesci _____ capire tutte le parole in italiano.
2. Abbiamo cominciato _____ studiare l'italiano un anno fa.
3. Gianni non finirà mai _____ fare confusione tra italiano e spagnolo.
4. Continuo _____ imparare l'italiano perché mi piace la cultura italiana.
5. Pensate _____ seguire un corso intensivo d'italiano?
6. In questa scuola di lingue impariamo _____ leggere e _____ scrivere correttamente in italiano.
7. Durante l'estate siete andati _____ vivere in Italia?
8. I nostri amici italiani ci hanno invitato _____ visitare la loro città.
9. Abbiamo deciso _____ chattare con italiani per fare pratica con la lingua italiana.

IO E L'ITALIANO

3 Come può essere uno studente? Metti la vocale finale all'aggettivo e poi abbina gli aggettivi della colonna di sinistra con il loro significato nella colonna di destra.

1. diligent___
2. scontros___
3. pigr_o_ [f]
4. distratt___
5. svogliat___
6. indisciplinat___
7. motivat___
8. taciturn___
9. superficial___
10. timid___
11. assent___
12. mediocr___

a. che parla pochissimo
b. che non va a fondo nelle cose
c. che non è attento
d. che fa sempre i suoi compiti
e. che non ha un carattere cordiale
f. che non ha voglia di studiare
g. che ha capacità limitate
h. che evita di impegnarsi nello studio
i. che non rispetta la disciplina
l. che non è a lezione
m. chiuso e riservato
n. che è spinto da validi motivi

4 Scrivi sotto ad ogni immagine il nome di uno dei seguenti materiali di cancelleria raffigurati.

bianchetto - spillatrice - raccoglitore (a spirale) - perforatrice - riga e squadretta - graffette e clip - (il) temperamatite - (le) forbici - evidenziatore - nastro adesivo

1. _____ 2. _____ 3. _____ 4. _____ 5. _____

6. _____ 7. _____ 8. _____ 9. _____ 10. _____

Parte B

1a Leggi questo breve annuncio.

> **Impara l'italiano come un italiano**
> In questa scuola si impara l'italiano. Si offrono, in presenza e da remoto, lezioni di gruppo o individuali di ogni livello per studenti e adulti stranieri. I materiali e il metodo che si utilizzano mirano allo sviluppo delle quattro abilità linguistiche. Nel fine settimana si propongono attività culturali per comprendere l'attualità italiana come visione di film, ascolto di canzoni, letture guidate e altro.

1b Completa con le informazioni dell'annuncio.

1. La scuola offre lezioni di _____ o _____.
2. Le lezioni sono in _____ e da _____.
3. I materiali mirano allo _____ delle quattro _____ linguistiche.
4. Nel fine settimana si propongono attività _____.

2 Trasforma le frasi usando il *si passivante*, dove è possibile.

1. In questa scuola studiamo le lingue straniere.
   _____

2. Nel fine settimana mangiamo insieme in un ristorante.
   _____

3. Ogni giorno impariamo parole nuove.
   _____

4. Offriamo corsi a distanza con insegnanti madrelingua.
   _____

5. La domenica non facciamo lezione.
   _____

6. In classe non possiamo usare il cellulare.
   _____

7. Con l'insegnante parliamo sempre in italiano.
   _____

8. Alla fine del corso dobbiamo fare un test.
   _____

IO E L'ITALIANO

Attenzione!
Si + verbo al singolare + nome singolare
Si + verbo al plurale + nome plurale
es. Tutti sentono un rumore. → **Si sente** un rumore.
      Tutti sentono alcuni rumori. → **Si sentono** alcuni rumori.

3a Ora leggi l'e-mail che uno studente scrive alla scuola di lingue per chiedere informazioni su un corso online che gli interessa seguire.

A:
Cc:
Oggetto:

Sono uno studente della facoltà di architettura e mi chiamo Giorgio Papachristos. Vi scrivo perché vorrei avere alcune informazioni sulla vostra scuola di lingue.
Sul vostro sito ho visto che avete dei corsi online. Siccome sono interessato a seguire un corso per studenti di livello B1 online, desidererei sapere quanti studenti ci sono di solito in questi corsi e se l'insegnante è madrelingua. Inoltre, vorrei delle informazioni sui libri di testo e il metodo che utilizzate e, infine, gradirei conoscere le date precise dell'inizio dei corsi e la loro durata.
Restando in attesa di un vostro riscontro, vi porgo cordiali saluti.
G.P.

Invia

3b Metti in ordine le parti della lettera.

a ☐ Infine gradirei sapere le date precise dei vari corsi e la loro durata.

b ☐ Sono uno studente della facoltà di architettura. Mi chiamo Giorgio Papachristos.

c ☐ Prima di tutto desidererei sapere il numero degli studenti per ogni classe e se l'insegnante è madrelingua.

d ☐ Vi scrivo per avere informazioni sui corsi online.

e ☐ Inoltre, vorrei informazioni sui libri di testo e il metodo usato.

4 Metti i verbi al condizionale semplice.

1. Io _____ (dovere) scrivere un'e-mail alla segreteria di una scuola di lingue.
2. Luigi _____ (volere) fare lezioni d'italiano con un'insegnante madrelingua.
3. Signore, mi _____ (potere) dire il suo nome e cognome?
4. Tu _____ (dovere) trovare un modo per migliorare il tuo italiano.
5. Noi _____ (volere) rimanere in Italia per due settimane.
6. Io _____ (potere) sostenere gli esami d'ingresso.
7. Noi _____ (dovere) interessarci alla durata dei corsi in presenza.
8. Questi ragazzi _____ (potere) migliorare il loro italiano usando la tecnologia.
9. Scusi, _____ (potere) darci delle informazioni sui corsi?

5 Siccome (poiché) o perché? Completa con la congiunzione corretta.

1. a. Abbiamo deciso di apprendere l'italiano _____ ci piace l'opera.
   b. _____ ci piace l'opera, abbiamo deciso di apprendere l'italiano.
2. a. _____ desidero imparare l'italiano, frequento un corso in una scuola di lingue.
   b. Frequento un corso d'italiano in una scuola di lingue _____ desidero imparare questa lingua.
3. a. Voi parlate in italiano fluentemente _____ avete imparato bene questa lingua.
   b. _____ avete imparato bene l'italiano, lo parlate fluentemente.
4. a. Oggi i giovani studiano almeno tre lingue _____ vogliono conoscere altre culture.
   b. _____ vogliono conoscere altre culture, oggi i giovani studiano almeno tre lingue.

Ora tocca a te!

1 *Compito*: Rispondi anche tu alle domande del questionario del punto 1a parte A.

1. _____
2. _____
3. _____
4. _____
5. _____
6. _____

IO E L'ITALIANO

7. _____
8. _____
9. _____
10. _____

2 *Compito:* Scrivi un'e-mail alla segreteria di una scuola italiana seguendo la scaletta.

> **scaletta**
>
> - scrivi il tuo nome e cognome, se lavori o sei studente
> - chiedi informazioni:
>   su un corso che ti interessa, quanti studenti ci sono in ogni corso, se l'insegnante è madrelingua, quali sono i libri di testo e il metodo che utilizzano, le date precise dell'inizio dei corsi e la loro durata, il costo del corso
> - ringrazia e saluta

PER PARLARE

1a Che cosa bisogna fare, secondo voi, per imparare l'italiano?

1. Frequentare le lezioni in una scuola di lingue d'italiano.
2. Fare corsi individuali con un/un'insegnante madrelingua.
3. Leggere riviste e libri italiani.
4. Ascoltare la radio italiana.
5. Guardare programmi italiani in tv.
6. Imparare a memoria i versi delle canzoni italiane.
7. Fare amicizia e chattare con italiani.
8. Iscriversi a facebook e far parte di gruppi con italiani.
9. Andare in Italia.
10. Avere una relazione con un/un'italiano/a.
11. Altro...

1b Voi che cosa fate per migliorare il vostro italiano?

2 Completate il dialogo.

A: Scusi, Le potrei chiedere un'informazione?
B: Prego, mi dica.
A: _____.
B: Il corso B1 in presenza dura 4 mesi.
A: _____.
B: Il corso c'è due volte alla settimana, il lunedì e il mercoledì, dalle 12 alle 15.
A: _____.

B: Comincia lunedì prossimo.

A: _____?

B: Certo. Può iscriversi quando vuole. La segreteria è aperta tutti i giorni, tranne il sabato e la domenica.

A: Un'ultima cosa. _____?

B: 480 euro, ma per ora deve pagare solo la tassa d'iscrizione.

3 Descrivete la foto e poi rispondete alle domande.

1. Tra le lingue apprese nel tuo Paese che posto occupa l'italiano?
2. Perché e come hai imparato l'italiano?
3. Secondo te, quali sono le maggiori difficoltà che uno studente deve affrontare nell'apprendimento della lingua italiana (pronuncia, intonazione, frasi idiomatiche, regole grammaticali, ecc.)?

4 Situazioni.

1. Un tuo amico domani deve sostenere il test d'ingresso a un corso d'italiano di livello B1. Gli dai dei consigli dicendogli come ti prepareresti al posto suo.

2. Una tua amica non ha superato l'esame per ottenere la certificazione della conoscenza d'italiano a livello A2. Tu:
   • la consoli dicendole…
   • le dai dei consigli utili su come studiare per imparare meglio la lingua.

ESPRESSIONI UTILI

- Ottenere una certificazione
- Sono stato/a promosso/a ≠ respinto/a
- Non ho superato la prova scritta/orale
- I professori mi hanno bocciato
- Mi sono confuso/a
- Ho sbagliato
- Devo ridare gli esami

- Imparare a memoria
- Sostenere gli esami d'ingresso
- Mantenere la calma
- Pagare la tassa d'iscrizione
- Stai calmo/a!
- Non ti preoccupare!
- Sono cose che capitano!
- Non è la fine del mondo!

VACANZE STUDIO

1
livello B1

✍ SCRIVIAMO
Riassumere esperienze, raccontare una disavventura

🗣 PARLIAMO
Chiedere informazioni utili per Erasmus

○ **LESSICO**

soggiornare, semestre, mensa, valutazione, retta, integrarsi, didattica, intervallo, incidente (furgone, bloccare, un guasto, motore, meccanico, salvo), gesto...

○ **FUNZIONI**

scrivere una relazione, raccontare una disavventura linguistica, chiedere informazioni utili per l'Erasmus...

○ **ESPRESSIONI**

vitto e alloggio, rendimento scolastico, data di scadenza, presentare una domanda, borsa di studio, pagare a rate, fare un versamento, essere preoccupato, avere ansia, fare una brutta figura, parlare lentamente, raggiungere un obiettivo, affrontare una difficoltà...

Più scrivo 2 più parlo

SCRIVIAMO

1a Abbina le parole della colonna a sinistra al loro significato nella colonna a destra.

1. soggiornare ☐   a. periodo di sei mesi
2. semestre ☐   b. somma che si paga per seguire un corso
3. vitto e alloggio ☐   c. il frutto dello studio
4. mensa ☐   d. accettare qualcuno
5. accogliere ☐   e. voto che si dà per esprimere un giudizio
6. rendimento scolastico ☐   f. cibo e abitazione
7. valutazione ☐   g. trascorrere un periodo in un posto
8. retta ☐   h. posto dove gli studenti mangiano

1b Secondo te, chi potrebbe dire queste frasi? Scegli tra insegnante (I), segretaria (SE) e studente (ST).

1. Scusi, mi può dire se c'è una data di scadenza per la presentazione della domanda? _____
2. Giorgio Rossi, complimenti! Lei ha vinto una borsa di studio per la Francia. _____
3. Mi scusi. Un'altra domanda. La retta si può pagare a rate? _____
4. Dunque… Per iscriversi, dovrebbe prima fare un versamento. _____
5. Federico, non ho affrontato delle difficoltà a integrarmi nel gruppo. _____
6. Ieri ho fatto una brutta figura con la mia insegnante. _____
7. Sai, Stella, la nostra insegnante corregge sempre gli errori che facciamo più frequentemente. _____
8. Ragazzo mio, se lei vuole raggiungere degli obiettivi, deve studiare. _____

VACANZE STUDIO

Parte A

1a Leggi la seguente relazione su un corso per stranieri che una studentessa ha seguito in Italia.

> Mi chiamo Audrey Williams e sono americana. Quest'anno ho finito la scuola superiore e ho deciso di fare le vacanze diversamente dagli altri anni. Perciò sono andata a Roma dove ho frequentato un corso intensivo d'italiano di due mesi di livello B1 presso una scuola privata.
>
> La classe era luminosa, ma piccola per i quindici studenti che frequentavano il corso. Siccome gli studenti erano di tutto il mondo, durante la lezione, e anche durante l'intervallo, dovevamo parlare tra noi e con l'insegnante sempre in italiano e questo era un po' faticoso.
>
> Le lezioni erano piacevoli perché erano progettate in base a noi studenti, ai nostri bisogni e alle nostre capacità. L'insegnante madrelingua, poi, usava materiali audio-visivi molto interessanti e ci permetteva anche di fare dei giochi linguistici (quiz, cruciverba ed altro) per riflettere sulla lingua.
>
> Certo all'inizio ero un po' giù: non capivo e non riuscivo a parlare in italiano e così avevo sempre la testa tra le nuvole. Quando è finito il corso, però, non solo potevo comprendere quasi tutto, ma mi esprimevo in italiano anche abbastanza bene e avevo molti amici. Ero al settimo cielo!
>
> Adesso che sono tornata negli Stati Uniti posso dire di aver fatto un'esperienza bellissima che sicuramente ripeterò il prossimo anno.

1b Rispondi alle domande.

1. Come era la classe di Audrey?
2. Quanti studenti c'erano in classe? Di dove erano gli studenti?
3. Come parlavano tra loro gli studenti?
4. Perché le lezioni erano piacevoli?
5. Quali difficoltà aveva Audrey all'inizio?
6. Alla fine del corso, perché Audrey era soddisfatta?

2a Sottolinea tutti gli *imperfetti* che ci sono nel testo che hai letto.

Più scrivo più parlo 2

SCRIVIAMO

2b Correggi gli errori nell'uso dei tempi *imperfetto* e *passato prossimo*.

1. Per quattro settimane frequentavamo un corso di lingua italiana a Roma. _____
2. Mentre ho parlato, facevo errori. _____
3. Ricordo che, quando facevamo la lezione l'insegnante ci ha corretto sempre gli errori. _____
4. All'inizio del corso ero preoccupata perché non ho conosciuto gli altri studenti e avevo un po' di ansia. _____
5. I professori erano pronti ad aiutarci, se ne abbiamo avuto bisogno. _____
6. Studiavo molto perché non ho voluto fare brutta figura con i miei compagni di classe e con l'insegnante. _____

3 Completa le frasi con gli avverbi in –*mente* che derivano dagli aggettivi in parentesi.

in modo diverso → diversamente

1. Per favore, signora, potrebbe parlare più _____ (lento)?
2. _____ (generale) abbiamo capito quello che gli attori dicevano nel film.
3. L'insegnante pronunciava _____ (chiaro) le parole nuove.
4. Oggi la lezione è stata _____ (particolare) interessante.
5. Mentre eravamo in classe, _____ (improvviso) è scoppiato un temporale.
6. Ti ho aspettato _____ (inutile): tu non sei venuta. Perché?
7. Uno straniero _____ (difficile) può capire tutte le parole, se un italiano parla _____ (veloce).

4 Sottolinea il significato delle espressioni presenti nel testo.

1. *Essere un po' giù* significa essere   a. arrabbiato   b. triste
2. *Avere la testa tra le nuvole* significa essere   a. distratto   b. concentrato
3. *Essere al settimo cielo!* significa essere   a. dispiaciuto   b. felice

VACANZE STUDIO

5 Abbina ciascuna parola della colonna a sinistra con una della colonna a destra in modo da avere una doppia parola con un solo significato.

1. vacanze
2. lingua
3. parola
4. conto
5. stato
6. fine
7. brutta
8. piano
9. rimborso

a. terra
b. settimana
c. chiave
d. copia
e. spese
f. madre
g. corrente
h. studio
i. civile

Parte B

1a Leggi ad alta voce l'e-mail che un amico francese, di nome Pierre, ti ha scritto in cui racconta una "disavventura linguistica" che gli è capitata in Italia.

A:
Cc:
Oggetto:

Quest'anno ho deciso di fare le vacanze in Italia. Sono partito con la valigia piena di sogni. Quando sono arrivato nel bel Paese, ho noleggiato una macchina per visitare comodamente le grandi città e i piccoli borghi. Tutto era splendido. Capivo e parlavo abbastanza bene l'italiano, il cibo era ottimo, i B&B dove mi fermavo a dormire erano tranquilli e puliti così andavo su e giù per l'Italia senza problemi.
Ma un giorno, mentre ero su una stradina di montagna, improvvisamente la macchina si è bloccata. Subito sono sceso per vedere che cosa potevo fare. La macchina aveva un guasto al motore e dovevo assolutamente trovare un meccanico. Purtroppo il cellulare era scarico. Avevo un diavolo per capello! Fortunatamente alla fine è passato un piccolo furgone. Subito ho fermato il conducente per spiegargli la situazione, ma lui, purtroppo, parlava quasi solo in dialetto e io non capivo niente. Non sapevo che fare. Poi mi sono ricordato di aver visto un video con i gesti degli italiani. In questo modo ho comunicato così bene con lui che mi ha prestato il suo cellulare per chiamare un meccanico. Ero salvo. Che avventura indimenticabile!

Invia

1b Indica con una X le affermazioni presenti nella e-mail.

1. Pierre è partito per l'Italia
   a. con un bagaglio a mano.
   b. con tanti sogni.
   c. con l'aereo.

2. Lui era contento di stare in Italia perché
   a. viaggiava da solo.
   b. guidava una bella macchina.
   c. gli sembrava tutto bello.

3. Un giorno, però, mentre era su una stradina di campagna
   a. la macchina si è bloccata.
   b. ha visto un grave incidente.
   c. ha incontrato un meccanico.

4. Il signore che si è fermato per aiutarlo
   a. parlava in inglese.
   b. non capiva i gesti che faceva.
   c. guidava un furgone.

5. L'avventura
   a. è finita bene.
   b. è terminata male.
   c. non si è ancora conclusa.

VACANZE STUDIO

2 Sostituisci il superlativo tra parentesi con il corrispondente che sceglierai tra quelli indicati nel riquadro. (Attenzione agli accordi!)

L'albergo in cui sono stato era di infima (bassissima) categoria

minimo – supremo/sommo – ottimo – massimo – pessimo – infimo

1. La torta che hai preparato è _____ (buonissimo).
2. Con quest'auto puoi raggiungere velocità _____ (grandissimo).
3. Il tuo comportamento è stato _____ (cattivissimo).
4. L'amicizia è il bene _____ (altissimo) dell'uomo.
5. Gianni non fa neanche uno sforzo _____ (piccolissimo) per migliorare il suo rendimento scolastico.

3a Forma l'aggettivo in *–bile* corrispondente per sostituire la perifrasi "che si può".

che si può amare → amabile

1. che si può abitare _____
2. che si può desiderare _____
3. che si può applicare _____
4. che si può mangiare _____
5. che si può paragonare _____
6. che si può verificare _____

3b Scrivi che cosa significano i seguenti aggettivi.

indimenticabile → che non si può dimenticare

1. illeggibile → _____
2. incorreggibile → _____
3. impronunciabile → _____
4. incomprensibile → _____
5. invincibile → _____
6. irripetibile → _____

Più scrivo più parlo 2

SCRIVIAMO

4 Cancella l'intruso.

1. bellissimo – piccolissimo – ottimo – grandissimo – altissimo
2. comodamente – abbastanza – logicamente – effettivamente
3. tranquillo – calmo – sereno – agitato
4. moto – bicicletta – furgone – automobile
5. probabile – indimenticabile – insostituibile – incredibile
6. fermarsi – bloccarsi – prestare – guastarsi

5 Sottolinea il significato delle espressioni che abbiamo trovato nel testo.

1. *Andare su e giù per l'Italia* significa andare:
   a. dal Nord al Sud dell'Italia.   b. da un lato all'altro dell'Italia.

2. *Avere un diavolo per capello* significa essere:
   a. distratto.   b. arrabbiato.

Ora tocca a te!

1 *Compito*: Seguendo la scaletta, riassumi il testo 1a Parte A. Comincia così: "Una ragazza americana, di nome Audrey, ha deciso di andare in vacanza in Italia per…"

scaletta

- come si chiama e di dove è
- in quale città italiana è andata e che corso ha frequentato
- come era la classe e quanti studenti c'erano
- in che lingua parlavano tra di loro e con l'insegnante
- com'erano le lezioni
- che tipo di materiali usava l'insegnante
- le difficoltà iniziali che ha affrontato
- quali obiettivi ha raggiunto

VACANZE STUDIO

2 *Compito*: Seguendo la scaletta, scrivi un'e-mail ad un'amica italiana, le racconti una disavventura linguistica che ti è capitata in Italia durante un viaggio (es. tutti i cartelli del museo erano scritti solo in italiano e tu non capivi tutto, ecc.) e come hai risolto il problema.

scaletta

- dove sei andato/a e per quanto tempo
- che cosa hai fatto quando sei arrivato
- come ti sentivi in Italia
- in che modo trascorrevi le giornate
- un giorno che cosa ti è successo
- quale difficoltà linguistica hai dovuto affrontare
- come è finita la disavventura

Più scrivo più parlo 2

 PARLIAMO

1 Descrivete la foto e rispondete alle domande.

1. Secondo voi, la ragazza a destra capisce cosa le dice la ragazza a sinistra?
2. Quali sono le maggiori difficoltà che affronta una persona quando non conosce bene la lingua del Paese dove arriva?

2 Situazione.

Andrai a fare l'Erasmus a _____. Chiedi tutte le informazioni utili a un collega italiano che ci è già stato (dove alloggiare, come spostarsi, dove mangiare, che cosa vedere, dove andare a divertirsi, ecc.).

ESPRESSIONI UTILI

- Locale notturno
- È successo un disastro (un casino)
- Perdere il bagaglio
- Fare la denuncia
- Ufficio oggetti smarriti
- Compilare un modulo
- Avere un rimborso

Più scrivo 2 più parlo

2 livello B1

INCIDENTI DOMESTICI E NON SOLO

SCRIVIAMO
Descrivere un incidente domestico, intervenire in un forum

PARLIAMO
Dare suggerimenti

LESSICO
scivolare, scottarsi, ferirsi, intossicazione, soffocamento, nausea, mal di pancia, vomitare, lavanda gastrica, garza, fasciare, medico (ortopedico, pediatra, ecc.)...

FUNZIONI
partecipare ad un blog per descrivere un'esperienza personale, dare suggerimenti alla mamma di un bambino vivace...

ESPRESSIONI
farsi male (a), finire al pronto soccorso, fare il diavolo a quattro, rimanere a bocca aperta, urlare come un pazzo, cavarsela con poco, chiamare l'ambulanza...

Più scrivo 2 più parlo

SCRIVIAMO

1 Scrivi i seguenti verbi sotto le immagini corrispondenti.

scivolare - scottarsi - cadere - tagliarsi - inciampare

1. _____ 2. _____ 3. _____

4. _____ 5. _____

Parte A

1a Leggi ad alta voce quello che *Fabio3* ha scritto sul forum e sottolinea le parole che non conosci.

> 📥 Last Post   RSS 🔊
>
> 05/08/2023 14:15 pm
>
> **Fabio3**
> ★★★
> Joined: 2 weeks ago
> Posts: 50
>
> La mia settimana di ferie che ho trascorso sull'isola di X si è conclusa al Pronto Soccorso dove sono finito per un'intossicazione alimentare.
> Tutti i giorni di vacanza, a dire il vero, sono stati splendidi. Il tempo era bellissimo, stavo al mare tutto il giorno, nuotavo felice, chiacchieravo con i vecchi compagni di scuola e la sera mi divertivo nei localini del lungomare. L'ultimo giorno, ho pensato di pranzare in un ristorantino vicino al mare che è molto noto. Ho ordinato il mio piatto preferito: spaghetti con le vongole. Che pessima idea! Appena sono arrivato in albergo ho iniziato a stare male: avevo nausea, un mal di pancia terribile e vomitavo continuamente. Fortunatamente è passato da me un amico che subito ha capito che la situazione era abbastanza grave. Allora mi ha accompagnato in ospedale dove il medico mi ha fatto addirittura una lavanda gastrica. Le vongole erano crude e sicuramente lo chef ne era responsabile. Il cuoco ha fatto il diavolo a quattro, dicendo che gli altri clienti del ristorante stavano bene e che io forse avevo mangiato altrove qualche cibo pericoloso. Sono rimasto a bocca aperta davanti alle sue bugie! Meglio dimenticare!
> Avete avuto anche voi una disavventura estiva?

INCIDENTI DOMESTICI E NON SOLO 2

1b Le seguenti affermazioni sono vere o false?

                V   F

1. *Fabio3* ha passato le ferie al mare con un amico. ☐ ☐
2. Tutti i giorni di vacanze sono stati splendidi, tranne l'ultimo. ☐ ☐
3. Il settimo giorno di ferie *Fabio3* ha mangiato nel ristorantino dell'albergo ☐ ☐
4. Ha ordinato allo chef il suo piatto preferito. ☐ ☐
5. In albergo si è sentito male ed è finito in ospedale. ☐ ☐
6. Le vongole che ha mangiato erano ben cotte. ☐ ☐

1c Abbina.

1. (le) ferie ☐
2. splendidi ☐
3. trascorrere ☐
4. nausea ☐
5. intossicazione alimentare ☐
6. vomitare ☐
7. grave ☐
8. lavanda gastrica ☐
9. crude ☐
10. (le) bugie ☐

a. affermazioni che non sono vere
b. stato di chi ha mangiato qualcosa di velenoso
c. il lavaggio dello stomaco e intestino per terapia
d. cacciare dalla bocca il contenuto dello stomaco
e. molto seria
f. non cotte
g. passare un periodo di tempo
h. molto belli
i. giorni di vacanze estive
l. sensazione di fastidio allo stomaco

1d Sottolinea il significato delle seguenti espressioni.

1. *Fare il diavolo a quattro* significa
   a. protestare vivacemente.   b. tagliare il diavolo in quattro parti.

2. *Rimanere a bocca aperta* significa
   a. ridere.   b. restare sorpreso.

2 Completa le frasi mettendo i verbi tra parentesi al *passato prossimo*.

1. Stefano _____ (cadere) dalla bicicletta e _____ (farsi) male al braccio.
2. Mentre ero in cucina, _____ (inciampare), poi _____ (sbattere) la testa contro lo spigolo dell'armadietto e al Pronto Soccorso mi

Più scrivo più parlo 2

SCRIVIAMO

_____ (fasciare) la testa con delle garze.
3. Manuela _____ (scivolare) sull'acqua.
4. Ieri, mentre stirava, mia madre _____ (scottarsi) con il ferro da stiro.
5. Mentre preparavo l'insalata, _____ (tagliarsi) il dito con il coltello.
6. Siccome _____ (rompersi) una gamba, in ospedale gli infermieri me l' _____ (ingessare).

Parte B

1a Leggi ad alta voce l'intervento di *Carl89* che partecipa al forum e risponde a *Fabio3*.

Last Post   RSS

07/08/2023 20:05 pm

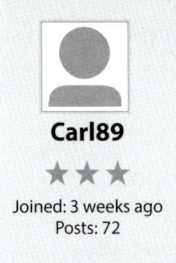

Carl89
★★★
Joined: 3 weeks ago
Posts: 72

Mi dispiace per la tua disavventura estiva. L'importante è che te la sei cavata con poco e che ora stai bene.
Anche io mi ricordo di un'estate passata in ospedale. Avevo quattro o cinque anni e mi piacevano molto le avventure di Batman. Lui era il mio eroe preferito perché faceva sempre finire i cattivi in prigione. Avevo anche il suo costume con le ali!
Un giorno ero nella mia camera, stavo mangiando un gelato alla finestra. All'improvviso ho visto un ragazzino nel cortile che tirava la coda ad un cane e gli dava dei calci. Subito mi sono messo il mio costume di Batman con le ali, sono salito sulla finestra e mi sono gettato nel vuoto. Naturalmente le ali non si sono aperte e io sono caduto dal primo piano. Per fortuna quel ragazzino ha smesso di occuparsi del cane ed è corso a chiamare i miei genitori. Dopo poco è arrivata l'ambulanza che mi ha portato in ospedale. Le mie condizioni non erano gravi, ma mi ero ferito al ginocchio e al braccio. I medici hanno pulito le ferite e mi hanno messo dei punti. Anche se mi faceva male tutto il corpo, non piangevo. Ero un piccolo Batman!

1b Scegli la risposta corretta.

1. *Carl89* racconta a *Fabio3* che
   a. l'estate scorsa ha letto molti libri di avventure.
   b. in passato ha vissuto una spiacevole avventura.
   c. da piccolo desiderava un costume da Batman.

INCIDENTI DOMESTICI E NON SOLO

2. Dalla finestra ha visto un ragazzino
   a. che stava mangiando un gelato.
   b. che correva in cortile dietro a un cane.
   c. che maltrattava un animale.

3. *Carl89* subito
   a. ha chiuso la finestra.
   b. ha indossato l'abbigliamento del suo eroe preferito.
   c. si è tolto il costume di Batman sporco di gelato.

4. Poi
   a. si è lanciato dalla finestra.
   b. è sceso di corsa in cortile.
   c. ha smesso di mangiare il gelato.

5. Purtroppo perciò
   a. era in gravi condizioni e aveva molte ferite.
   b. è scivolato e ha sbattuto la testa.
   c. si è fatto male ed è andato in ospedale.

6. Lì *Carl89*
   a. piangeva dal dolore.
   b. ha capito il suo errore.
   c. si sentiva soddisfatto della sua azione.

2 Leggi e sottolinea la forma giusta del verbo cavarsela.

1. Agli esami speriamo di *cavarcela / cavartela*.
2. Non ho bisogno di aiuto per fare i compiti. *Me la cavo / Me lo cavo* da solo.
3. Anche se Lucia cadendo si è fatta male alla schiena, il dottore dice che *se la caverà / te la caverà* con il riposo assoluto.
4. Anche se la situazione era difficile, voi *ve l'avete cavata / ve la siete cavata* senza problemi. Complimenti!
5. Da bambini, Ferdinando e Stefania non studiavano molto la matematica, ma a scuola ogni giorno *se la cavavano / se la sono cavata* benino.

Più scrivo più parlo 2

SCRIVIAMO

3 Completa le seguenti frasi, associandole con le parole nel riquadro.

1. Mentre lavavo i piatti, _____.
2. Mi sono ferito al dito perché _____.
3. La signora Sarti per il dolore _____.
4. Mentre camminavo, _____.
5. Ieri un cane randagio _____.
6. Siccome portava le scarpe con il tacco alto, _____.
7. Mentre riparavo un filo elettrico _____.

a. mi ha morso ad una mano.
b. sono inciampata e sono caduta.
c. ho preso la scossa.
d. urlava come una pazza.
e. me lo sono chiuso nella porta.
f. Valentina ha preso una brutta storta.
g. ho rotto un bicchiere.

4 A un amico che ha un problema di salute auguriamo "Pronta guarigione!" e gli diciamo pure "_____ presto!". Rispondi alle domande, scegliendo il medico giusto tra quelli elencati, poi con le lettere indicate troverai la parola che manca. (Attenzione! Ci sono medici in più).

> dietologo - ginecologo - ortopedico - psichiatra - dermatologo - pediatra - oculista - oncologo - chirurgo - radiologo - cardiologo - ematologo

1. Quale medico si occupa di fratture agli arti? _____ ☐
   (seconda lettera)
2. Quale medico si occupa di radiografie? _____ ☐
   (quarta lettera)
3. Quale medico si occupa di problemi della pelle? _____ ☐
   (quarta lettera)
4. Quale medico si occupa di donne incinte? _____ ☐
   (quarta lettera)
5. Quale medico si occupa di diete? _____ ☐
   (quarta lettera)
6. Quale medico si occupa di disturbi della psiche? _____ ☐
   (ottava lettera)

INCIDENTI DOMESTICI E NON SOLO

7. Quale medico si occupa di interventi chirurgici? _____ ☐
   (terza lettera)
8. Quale medico si occupa di miopia? _____ ☐
   (settima lettera)
9. Quale medico si occupa di bambini? _____ ☐
   (quarta lettera)

Parola: _____

Ora tocca a te!

Rispondi a *Fabio3*, raccontando di quella volta che anche tu sei rimasto vittima di un incidente. Segui la seguente scaletta proposta.

scaletta

- ti dispiace per la sua disavventura estiva
- sei contento che ora sta bene
- gli racconti una disavventura dell'infanzia
  • quando è successa
  • dove eri e con chi
  • che cosa è successo e perché
  • come è finita la tua disavventura

PER PARLARE

1 Create una storia con i seguenti elementi. Sono in ordine.

1. Gino - sette anni - bambino terribile.
2. Ieri - poverino - ingoiare un bottone - sua camicia - non riuscire a respirare.
3. Subito - i genitori - chiamare l'ambulanza.
4. Così - gli infermieri - portare - ospedale.
5. Fortunatamente - i medici - salvare - sicuro soffocamento.
6. Gino - avere tanta paura - morire - alla fine - cavarsela.

Più scrivo più parlo 2

 **PARLIAMO**

② Descrivete l'immagine e rispondete alle domande.

1. Chi sono più spesso le vittime di incidenti domestici?
2. Quali sono le camere più pericolose?
3. Secondo voi, avvengono per distrazione o imprudenza?
4. È possibile prevenire un incidente domestico? In che modo?

② Situazione.

La tua amica ha un bambino molto vivace e ti chiede dei consigli per rendere la sua casa più sicura. Tu le dai alcuni suggerimenti che sceglierai tra i seguenti:

- Tieni fuori dalla sua portata i farmaci, i detersivi e tutte le sostanze tossiche.
- Non lasciare in giro piatti, bicchieri, coltelli, forbici e tutto quanto può ferirlo.
- Usa le protezioni per le prese di corrente.
- Fa' attenzione ai fili elettrici.
- Copri gli spigoli dei mobili.
- Proteggi i fornelli della cucina.
- Metti un cancelletto per impedire l'accesso alle scale.
- Fissa le librerie e i mobili alle pareti.
- ...

ESPRESSIONI UTILI

- Distrazione
- Imprudenza
- Prudente
- Prendere la scossa
- Tenere fuori dalla portata
- Lasciare in giro
- Gli spigoli dei mobili
- Cancelletto
- Le prese di corrente
- Impedire l'accesso
- Fissare alle pareti

Più scrivo più parlo 2

3 livello B1

CITTÀ O PAESE

SCRIVIAMO
Esprimere desideri, contattare un'agenzia immobiliare

PARLIAMO
Parlare di città e luoghi ideali

LESSICO
metropoli, borgo, vicolo, grattacielo, orto, condominio, inquilino, proprietario, affittasi, smog, cemento, mutuo, crescere, panchina, pettegolo...

FUNZIONI
esprimere il desiderio di vivere in un luogo, contattare un'agenzia immobiliare, motivare la propria opinione...

ESPRESSIONI
essere originario di, si affaccia sul mare, fare la fila, scambiare due chiacchiere, portare a spasso, essere a portata di mano, scappare via...

Più scrivo più parlo 2

SCRIVIAMO

1 Associa alle seguenti immagini la parola giusta che sceglierai tra quelle del riquadro (una per ogni gruppo).

> 1. metropoli - città di provincia - <u>borgo</u>
> 2. grattacielo - villa - appartamento
> 3. montagna - costiera - campagna
> 4. orto - giardino - parco
> 5. vicolo - corso - viale
> 6. balcone - finestra - terrazza

1. _____borgo_____    2.  _____   3. _____

4.  _____   5.  _____   6. _____

2 Collega le parole della colonna di sinistra con il loro significato nella colonna a destra.

1. condominio ☐   a. zona di una città
2. quartiere ☐   b. edificio composto da diversi appartamenti abitati
3. collina ☐   c. prestito bancario per comprare una abitazione
4. pianura ☐   d. montagna bassa che non supera i 600 metri
5. mutuo ☐   e. zona verde senza montagne o colline
6. pineta ☐   f. un insieme di alberi di pino

CITTÀ O PAESE

3 Forma delle coppie di parole di significato contrario.

> affittasi - proprietario - vendita - inquilino -
> periferia - pianura - vendesi - centro - montagna - acquisto

_____ ≠ _____   _____ ≠ _____
_____ ≠ _____   _____ ≠ _____
_____ ≠ _____

4 Scrivi nel riquadro giusto le parole che in genere si riferiscono alla città o alla campagna oppure a entrambe.

> smog/inquinamento - parcheggio - verde - albero - bosco - giardino - traffico -
> rumore - orto - tranquillità/pace - segnali stradali - pineta - cemento - grattacielo

città	campagna	città e campagna

Parte A

1a Il posto ideale per vivere: opinioni a confronto. Leggi ad alta voce e sottolinea le parole che non conosci.

A. Vivo a Milano dove lavoro, ma sono originario di un piccolo paese in provincia di Lecce che si affaccia sul mare. Abito in questa grande metropoli, ma il mio sogno nel cassetto è quello di ritornare nel luogo dove sono nato per vari motivi. Mentre a Milano lavoro in ufficio tra stress e smog, nella mia terra potrei vivere

vendendo online prodotti agricoli. Così troverei un equilibrio e una serenità interiore che non hanno prezzo: mi basterebbe guardare il mare e i colori della natura per ritrovare pace e tranquillità. Inoltre, a Milano posso dire che non conosco veramente nessuno, neanche chi abita nel mio stesso condominio. Nel mio paese, invece, potrei scambiare due chiacchiere con tutte le persone che mi hanno visto crescere, magari sedendo su una panchina con loro quando portano a spasso il cane. Del resto, lì non mi mancherebbe niente, né i negozi, né le associazioni culturali, né i locali notturni. E poi non dovrei fare delle file lunghissime alla cassa del supermercato perché tutto è a portata di mano. L'unico problema sarebbe l'ospedale che è piccolo e con pochi medici.

B. Vivere a Roma è il sogno di molti italiani e anche il mio che spero di poter presto realizzare. Sono nato in un paese in provincia di Rieti e mi piacerebbe tanto trasferirmi nella capitale. Non sopporto la mentalità chiusa e pettegola della gente che abita nella mia terra e neanche il suo modo di vivere noioso e monotono. Insomma, il paese mi sta stretto e aspetto un'occasione lavorativa per scappare via. Desidererei vivere a Roma perché è una città fantastica, con monumenti, chiese e palazzi che testimoniano un passato ricco di arte e cultura. Per non parlare delle trattorie dove si può mangiare di tutto senza spendere tanto e dei numerosi negozi e centri commerciali dove si possono acquistare capi firmati e oggetti originali. Inoltre, se uno è appassionato di cinema, teatro o musica, non ha che l'imbarazzo della scelta. Gli unici grossi problemi che dovrei affrontare sarebbero tre: quello del traffico che è infernale, quello del parcheggio che è introvabile e, infine, quello dell'affitto che è troppo caro, soprattutto per gli appartamenti in centro. Ma sono certa che lì troverei la felicità!

1b Le seguenti frasi si riferiscono al testo A o B?

1. Vivo in questa metropoli, ma sono nato in un paese vicino al mare. _____
2. In paese la gente è pettegola. _____
3. Vorrei cambiare lavoro. _____
4. La vita in paese non è adatta a me. _____
5. In città si possono fare tante cose come andare in un centro commerciale. _____
6. Mi piacerebbe chiacchierare con i miei conoscenti. _____
7. Anche se in città ci sono alcuni problemi, vorrei vivere lì. _____

CITTÀ O PAESE

1c Abbina ciascuna espressione a sinistra con il suo significato a destra.

1. scambiare due chiacchiere
2. portare a spasso
3. stare stretto/a
4. (essere) a portata di mano
5. scappare via
6. non avere che l'imbarazzo della scelta

a. fuggire
b. discutere
c. non sapere che scegliere tra molte cose
d. portare a passeggio
e. facile da prendere
f. non piacere

1d Completa le espressioni del testo con la preposizione giusta.

1. La mia casa si affaccia _____ mare.
2. Il mio sogno _____ cassetto è di andare a vivere in campagna.
3. Mi piace scambiare due chiacchiere _____ le persone che conosco.
4. Le persone la sera portano _____ spasso i loro cani.
5. I cittadini fanno file lunghissime _____ cassa del supermercato.
6. _____ un supermercato i prodotti sono _____ portata _____ mano.
7. Occorre scappare via _____ città quando arriva il fine settimana.
8. La vita _____ questo paese mi sta stretta.

1e Collega l'aggettivo di sinistra con la relativa parola a destra.

1. pettegola
2. infernale
3. introvabile
4. notturni
5. agricoli
6. firmati

a. traffico
b. parcheggio
c. gente
d. prodotti
e. capi
f. locali

2 Completa le seguenti frasi con la forma passivante *si può/si possono*.

> **!**
> 1. si può + infinito
> 2. si può + infinito + nome singolare
> 3. si possono + infinito + nome plurale

1. _____ vivere bene anche in campagna.
2. In campagna _____ fare una vita sana.
3. In città _____ trovare tanti negozi.
4. In città non _____ parcheggiare.
5. A Roma _____ ammirare edifici storici.
6. In paese _____ incontrare tanti conoscenti.

Più scrivo 2 più parlo

SCRIVIAMO

3 Sottolinea la parola giusta.

1. *Mentre / Durante* vado al bar, incontro i miei amici.
2. *Mentre / Durante* tutto il viaggio sei rimasto in silenzio.
3. Io sono restato in casa a lavorare *mentre / durante* tu non hai fatto niente!
4. A Milano ho un piccolo appartamento *mentre / durante* il mio direttore ha una villa.
5. *Mentre / Durante* la guerra le persone vivevano nei paesini per sopravvivere.

> ! mentre + verbo
> mentre = invece
> durante + nome

4a Leggi la tabella e scrivi la funzione che ha il condizionale nelle seguenti frasi.

1. Quanto mi piacerebbe andare ad Amsterdam!
   _____

2. Qui forse un computer costerebbe poco.
   _____

3. Al posto tuo, io prenderei l'aereo.
   _____

4. Potresti chiudere la porta, per favore?
   _____

> ! Il **condizionale presente** serve per
> • esprimere un desiderio
> • dare un consiglio
> • esprimersi con cortesia
> • riportare un'informazione non tanto sicura

4b In coppia. Scrivete delle frasi con il condizionale presente e spiegate qual è la sua funzione.

_____
_____
_____
_____
_____

CITTÀ O PAESE

4c Scegli la forma corretta del condizionale.

1. Signora, Le _____ aprire la finestra?
   a. dispiaceresti   b. dispiacerebbe

2. Il museo è lontano. Secondo me, loro _____ bene a prendere un taxi.
   a. farebbero   b. farebero

3. Mi _____ vivere a Capri con te.
   a. piacerebbe   b. piacerei

4. Al posto mio, tu _____ sposarti?
   a. desideresti   b. desidereresti

5. A Lucia _____ di bere un aperitivo con i suoi figli.
   a. anderebbe   b. andrebbe

6. _____ prima di prendere una decisione.
   a. Aspettarei   b. aspetterei

7. Voi _____ fare un viaggio all'estero.
   a. dovreste   b. dovereste

Parte B

1a Un tuo amico ha scritto un'e-mail per contattare un'agenzia immobiliare e chiedere di trovargli casa a Milano. Leggi ad alta voce e sottolinea le parole che non conosci.

A:
Cc:
Oggetto:

Egregio responsabile dell'agenzia Immobili.it,
Mi chiamo Mario Rossi e sono un impiegato di banca. Le scrivo perché tra un mese dovrei trasferirmi a Milano con mia moglie e i miei due figli e, siccome lavoro molte ore al giorno, non ho troppo tempo per cercare un appartamento adatto alle mie esigenze. Un collega che già abita a Milano mi ha raccomandato la Sua agenzia e per questo mi rivolgo a Lei. Innanzitutto, La informo che sarei interessato a trovare un appartamento in buone condizioni di almeno 100 metri quadrati con tre camere da letto, doppi servizi e box auto. Per di più, l'appartamento dovrebbe trovarsi ai piani superiori ed essere luminoso, per questo l'edificio dovrebbe avere l'ascensore. Inoltre, escluderei le zone in periferia perché troppo lontane dalla mia sede lavorativa che si trova in centro. Infine, Le faccio presente che sarei disposto a pagare un affitto di 1100/1200 euro al mese. Se trova un appartamento adatto, La prego di contattarmi subito, sempre tramite e-mail, aggiungendo l'indirizzo dello stabile e foto del locale.
Cordiali saluti.

Invia

Più scrivo più parlo 2

SCRIVIAMO

1b Rispondi alle domande.

1. Che lavoro fa il mittente?
2. Per quale motivo si rivolge ad un'agenzia immobiliare?
3. Chi gli ha raccomandato l'agenzia?
4. Che caratteristiche dovrebbe avere l'appartamento che cerca?
5. Quanto è disposto a pagare?
6. Che deve fare l'agenzia se trova un appartamento adatto?

1c Abbina ciascuna espressione a sinistra con il suo significato a destra.

1. mi ha raccomandato ☐   a. palazzo, condominio
2. Le faccio presente ☐   b. mi ha consigliato
3. stabile ☐   c. abitazione
4. locale ☐   d. Le ricordo, Le sottolineo

2 Sottolinea la parola giusta.

1. Questa città è esattamente *siccome / come* credevo.
2. *Siccome / Come* ho bisogno di un appartamento, mi sono rivolto ad un'agenzia.
3. Mi occorre vivere in una casa luminosa *siccome / come* la tua.
4. *Siccome / Come* non abbiamo tempo per cercare casa, abbiamo scritto un'e-mail ad un'agenzia immobiliare.
5. Avete fatto *siccome / come* volevate?
6. *Siccome / Come* hanno insistito, alla fine avete accettato la sua proposta.

Ora tocca a te!

1 *Compito*: Preferiresti vivere in una grande città o in un altro luogo? Perché? Motiva la tua scelta.

2 *Compito*: Seguendo la scaletta, scrivi un'e-mail al responsabile di un'agenzia immobiliare per pregarlo di aiutarti a trovare un monolocale in buone condizioni, luminoso, con riscaldamento e non troppo caro, nel centro della città dove ti trasferirai per motivi di lavoro.

3

CITTÀ O PAESE

scaletta

- descrivi la tipologia di casa che stai cercando e in quale zona
- riferisci la somma che sei disposto a pagare per l'affitto
- chiedi di ricevere delle foto e spieghi in che modo è possibile contattarti

PER PARLARE

1 Giochiamo - Quanto conoscete l'Italia e gli italiani? Dividetevi in due gruppi e scegliete la risposta giusta tra le due proposte. Vince il gruppo che fa meno errori.

I gruppo

1. L'Italia ha la forma di
   a. una scarpa   b. uno stivale

2. L'Etna è un vulcano
   a. della Sicilia   b. della Sardegna

3. Il lago più grande è
   a. il lago di Como   b. il lago di Garda

4. "Sbrigati!" significa fai
   a. presto   b. con calma

5. Il numero che porta sfortuna è
   a. il 13   b. il 17

6. Le regioni italiane sono
   a. 20   b. 21

7. La città di Romeo e Giulietta è
   a. Verona   b. Venezia

8. A Firenze passa il fiume
   a. Tevere   b. Arno

II gruppo

1. L'isola di Capri è
   a. più grande   b. più piccola della Sicilia

2. Nella carbonara
   a. si può mettere   b. non si può mettere la panna da cucina

3. Perugia è il capoluogo
   a. dell'Umbria   b. della Puglia

4. Il territorio italiano è di circa
   a. 301.350 km^2 b. 602.720 km^2

5. In Italia il 25 aprile si celebra
   a. una festa civile   b. una festa religiosa

6. La canzone *Volare* parla di
   a. un sogno   b. un viaggio

7. In Italia trovare un quadrifoglio porta
   a. fortuna   b. sfortuna

8. "Senta, scusi!" è un imperativo
   a. formale   b. informale

Più scrivo più parlo 2

2 Leggete la classifica delle città italiane dove si vive meglio.

1. Pordenone
2. Trento
3. Vicenza
4. Padova
5. Ascoli
6. Verona
7. Treviso
8. Bolzano
9. Udine
10. Siena

3 Rispondete alle domande.

1. Vivete in città o in un altro luogo (paese, cittadina di provincia)? Dove si trova? Che cosa c'è di particolare nel luogo dove vivete? È molto cambiato questo luogo negli ultimi anni?
2. Nel vostro Paese le persone preferiscono vivere in città o in campagna? Quali sono i luoghi nel vostro Paese dove si vive meglio? Per quali motivi?
3. Quali sono, secondo voi, le maggiori difficoltà che affronta chi si trasferisce dal paese in città e viceversa?
4. Quali caratteristiche dovrebbe avere un luogo "ideale" in cui vivere? (sicurezza, pulizia, servizi, ecc.)
5. Vi piacerebbe vivere in Italia? Dove? Motivate la vostra risposta.

4 Situazione.

Tuo marito vuole lasciare la città in cui abitate da anni e trasferirsi in campagna perché non sopporta più i rumori delle macchine e i suoi vicini di condominio che non lo lasciano riposare mai. Tu non sei d'accordo e motivi la tua opinione. Gli proponi un'altra soluzione…

ESPRESSIONI UTILI

- Quartiere residenziale ≠ degradato
- Edifici pubblici, musei, monumenti
- Ospedali e servizi ospedalieri
- Fiume / lago
- Paesaggio / (il) panorama

- Respirare aria pulita
- A contatto con la natura
- Coltivare i campi
- Allevare gli animali
- Raccogliere la frutta / le olive

Più scrivo 2 più parlo

FATTO DI CRONACA

4
livello B1

SCRIVIAMO
Leggere notizie su giornali online, raccontare un fatto di cronaca su un forum

PARLIAMO
Intervenire in una discussione

○ **LESSICO**
furto, incendio, omicidio, terremoto, rubare, incendiare, uccidere, pistola, soccorrere, condannare, imprudente, denunciare, ladro, piromane, carabiniere, ferita, ambulanza...

○ **FUNZIONI**
leggere notizie da giornali online, raccontare un furto su un forum, fare una denuncia alla polizia, opinioni a confronto...

○ **ESPRESSIONI**
vincere al totocalcio, vendita all'asta, mercatino delle pulci, lasciare le impronte, essere derubato, restare vittima (di), commettere un reato, finire in prigione...

Più scrivo 2 più parlo

SCRIVIAMO

1a Abbina il fatto di cronaca all'immagine, scegliendolo dal riquadro.
(Attenzione: nel riquadro ce ne sono di più!)

furto - incendio - rapina - omicidio - incidente in montagna - truffa - disgrazia - vincita al totocalcio - salvataggio - terremoto - esplosione - scontro

1. _____ 2. _____ 3. _____

4. _____ 5. _____ 6. _____

1b Completa la tabella.

	PERSONA	VERBO	NOME/SOSTANTIVO
1	ladro	rubare	
2	piromane	incendiare	
3	rapinatore		
4	soccorritore		
5	automobilista	scontrarsi	
6	scippatore		scippo
7	omicida	uccidere/ammazzare	omicidio
8	truffatore		

FATTO DI CRONACA   4

2 Come si chiama la persona che... Completa con le seguenti parole come nell'esempio.

si occupa di tasse e contrabbando → guardia di finanza

1. guardia di finanza
2. vigile del fuoco / pompiere
3. guardia forestale
4. vigile urbano
5. poliziotto
6. carabiniere
7. guardia del corpo

a. controlla il traffico → _____
b. sorveglia i boschi → _____
c. spegne un incendio → _____
d. sorveglia la pubblica sicurezza → _____
e. protegge una persona importante → _____
f. appartiene a un corpo speciale della polizia e garantisce la sicurezza delle persone → _____

Parte A

1a A coppie - Ogni coppia abbina il titolo ad una notizia. Poi indica con una X l'affermazione corretta.

a. Alpinista travolto da una valanga
b. Rider vittima di un incidente mortale
c. Famiglia salvata da Rudy
d. Gita scolastica vietata agli studenti indisciplinati
e. Un anello di seconda mano le ha cambiato la vita
f. Disegna gli occhi ad un quadro e finisce in prigione

1. _____

Bologna - Il consiglio di classe di una seconda media ha deciso che alcuni studenti non parteciperanno alla gita scolastica di fine anno, mentre i loro compagni andranno in visita nella marina di San Cataldo per approfondire la conoscenza del mare e degli sport acquatici. Gli studenti esclusi hanno inutilmente protestato. Non c'è stato niente da fare. Una scelta che la dirigente difende sottolineando che i genitori non hanno educato questi ragazzini a comportarsi bene e per questo erano troppo indisciplinati.

Alcuni studenti non parteciperanno a
   a. una noiosa lezione di fine anno
   b. un'escursione per conoscere il mare
   c. una gara di sport acquatici

2. _____

Trapani - Una donna di circa 33 anni si è recata a un mercatino delle pulci per acquistare qualcosa con pochi soldi. Lì ha visto un anello con una pietra che brillava. Siccome le piaceva, l'ha acquistato dal venditore per la modesta cifra di 10 euro. Era sicura di aver comprato un anello di bigiotteria molto carino, ma, poco dopo, per caso ha scoperto che in realtà si trattava di un diamante. Con i soldi che ha ricavato dalla vendita all'asta, si è trasferita alle Barbados e ha deciso di non lavorare più.

Al mercato delle pulci una donna ha comprato
   a. un quadro senza valore
   b. un anello di bigiotteria
   c. un pezzo prezioso

3. _____

Imperia - Una guardia di sicurezza privata di circa 60 anni stava svolgendo il suo lavoro presso una mostra d'arte astratta. Siccome si annoiava, ha pensato di disegnare degli occhi sulle figure rappresentate in un quadro. Poi è tornato tranquillo al suo posto. Ma la guardia era sfortunata. Qualche minuto dopo, infatti, sono arrivati due visitatori stranieri. Loro hanno notato subito che l'opera che stavano guardando non corrispondeva alla descrizione del dépliant. E così per un "innocente disegno" l'uomo è stato condannato a tre mesi di reclusione.

Una guardia di sicurezza
   a. è finita in carcere perché aveva commesso un reato
   b. è andata in ospedale perché aveva gravi ferite agli occhi
   c. ha fatto un disegno su un dépliant

4. _____

Sassari - La notte scorsa un cane di nome Rudy ha cominciato ad abbaiare, senza sosta. Così Rudy ha svegliato tutta la famiglia che dormiva, salvandola da un incendio causato, pare, da un corto circuito. La famiglia, vedendo la casa in fiamme, subito si è precipitata in strada. Qualcuno dei vicini ha chiamato i vigili del fuoco che sono riusciti a spegnere l'incendio. Purtroppo, però, l'abitazione è rimasta gravemente danneggiata dalle fiamme.

FATTO DI CRONACA 4

Il cane Rudy ha cominciato ad abbaiare
   a. per salvare dalle fiamme la sua famiglia
   b. perché ha sentito la sirena dei vigili del fuoco
   c. per svegliare i vicini

5. _____

Livorno – Nel fine settimana un giovane di 18 anni, dopo una serata in discoteca, è salito in macchina ubriaco. Correva per ritornare a casa e non si è fermato a un incrocio. Così ha investito un rider che era alla guida di un motorino per effettuare una consegna. A causa dello scontro, il rider è caduto dal motorino e si è ferito. Le sue condizioni sono apparse subito gravi ai soccorritori che, vedendolo coperto di sangue, hanno chiamato l'ambulanza. Il giovane rider è morto durante il tragitto in ospedale. Queste cose non dovrebbero mai succedere!

Nel fine settimana un giovane di 18 anni
   a. ad un incrocio è sceso ubriaco dalla sua macchina
   b. ha provocato un incidente mortale
   c. ha effettuato una consegna in una discoteca

6. _____

Torino – A causa dell'aumento della temperatura, ieri un giovane alpinista di 24 anni è stato travolto da una valanga. Il giovane stava salendo sulla cima di una montagna vicino a Torino, quando improvvisamente si è staccata una massa di neve che l'ha coperto completamente. Secondo gli uomini del soccorso alpino, è stata l'imprudenza a provocare la disgrazia. Il giovane è vivo, ma le sue condizioni sono molto gravi. I medici sperano in un miracolo.

Ieri un alpinista è salito sulla cima di una montagna vicino a Torino
   a. perché era uno degli uomini del soccorso alpino
   b. ma è restato vittima di un grave incidente in montagna
   c. per ammirare lo spettacolo della neve

1b Sinonimi (S) o contrari (C)?

1. esclusi — inclusi _____
2. si è recata — è andata _____
3. modesta — piccola _____
4. cifra — somma _____
5. ha ricavato — ha preso _____
6. si annoiava — si divertiva _____
7. innocente — colpevole _____
8. reclusione — prigione _____
9. effettuare — fare _____
10. cima — punta _____
11. imprudenza — prudenza _____
12. si è staccata — si è attaccata _____

1c Abbina ogni parola a sinistra con il suo significato a destra.

1. incrocio
2. vendita all'asta
3. mercatino delle pulci

a. luogo dove si vendono oggetti vecchi
b. punto in cui una strada taglia un'altra
c. vendita di un bene a chi fa la migliore offerta

2a Completa le frasi con l'indefinito corretto che sceglierai tra i due indicati.

1. *niente - nessuno*

   a. Era domenica e per la strada non camminava _____.

   b. No, grazie. Non voglio _____.

2. *qualcuno - qualcosa*

   a. _____ guida la macchina, _____ la moto.

   b. Perché non fai _____ per stare meglio?

3. *ognuno – ogni*

   a. Andiamo in discoteca _____ sabato.

   b. Nella vita _____ fa quello che può.

2b Trasforma le frasi come nell'esempio usando gli indefiniti *qualche – alcuni/-e*.

Su questa strada succede sempre qualche incidente. → Su questa strada succedono sempre alcuni incidenti.

1. Vorrei fare qualche sport estremo, come il bungee jumping o il rafting.

   _____

2. Il ladro ha riportato qualche ferita quando è caduto correndo.

   _____

3. In questo bosco già l'estate scorsa c'è stato qualche incendio.

   _____

4. Prenderemo qualche precauzione per evitare i furti nel nostro condominio.

   _____

5. Qualche volta gioco al Totocalcio, ma non ho mai vinto.

   _____

FATTO DI CRONACA

6. Dopo qualche minuto sono arrivati i vigili e hanno salvato il cane caduto in acqua.

3 Cancella l'intruso.

1. rapinatore - scippatore - ladro - piromane
2. rapina - scippo - furto - vincita
3. pistola - coltello - ombrello - fucile
4. scontro - tamponamento - urto - sorpasso
5. morto - ferito - ricoverato - terremotato
6. rubare - rapinare - scippare - esplodere - svaligiare
7. uccidere - investire - ferire - denunciare
8. valanga - alluvione - alpinista - frana
9. distrazione - malore - imprudente - colpo di sonno

4 Il participio passato nei titoli di giornale.

Spesso nei titoli di giornale il participio passato è usato con valore passivo e si eliminano articoli, preposizioni, ecc. Trasforma i titoli come nell'esempio.

Alpinisti travolti da una valanga. → Alcuni alpinisti sono stati travolti da una valanga.

1. Firenze, città ferita dall'alluvione

2. Donna derubata mentre faceva la spesa

3. Anziano investito da una moto sulle strisce pedonali

4. Inter battuta all'ultimo minuto per tre a due

5. Attori di *Un posto al sole* fotografati a Roma dai paparazzi

6. Svaligiato un appartamento in centro da ladri professionisti

7. Venduto all'asta un quadro di Leonardo

8. Denunciati i bulli che terrorizzavano un dodicenne

Parte B

1a Forum: Furti
Leggi ad alta voce che cosa ha scritto sul suo blog *Vale3* su un furto a cui ha assistito e sottolinea le parole che non conosci.

| Last Post | RSS |

21/08/2023 09:05 pm

Vale3
★★★
Joined: 3 weeks ago
Posts: 80

Vale3 - Sabato pomeriggio, mentre ero alla cassa del supermercato dove ero andata per fare la spesa, è entrato un giovane sulla trentina. Era alto e trasandato, indossava una felpa nera con un cappuccio e portava gli occhiali scuri. Con una pistola in pugno ha minacciato i cassieri del supermercato che hanno dovuto consegnargli tutto il denaro. Si è poi allontanato a piedi scappando con il bottino e facendo perdere le proprie tracce. Che spavento! Così ho lasciato il carrello con tutta la spesa e sono subito salita in auto per tornare a casa. Fortunatamente domenica ho saputo che la polizia era riuscita ad arrestare quel ladro solitario che in passato aveva commesso una rapina in banca ed era quindi già noto alle forze dell'ordine. Dunque, oggi ritornerò al supermercato. Speriamo bene!

1b Costruisci la mappa concettuale di un fatto di cronaca, guardando le informazioni presenti nel testo che hai letto.

FATTO DI CRONACA

1c Le parole del riquadro hanno un significato contrario o simile alle seguenti. Abbinale.

> curato - paura - conosciuto - socievole - impronte - fare - portare

1. trasandato ⟶ _____
2. indossare ⟶ _____
3. le tracce ⟶ _____
4. spavento ⟶ _____
5. solitario ⟶ _____
6. commettere ⟶ _____
7. noto ⟶ _____

2 Scrivi accanto all'immagine le seguenti parole.

> felpa / pistola / bottino / cappuccio

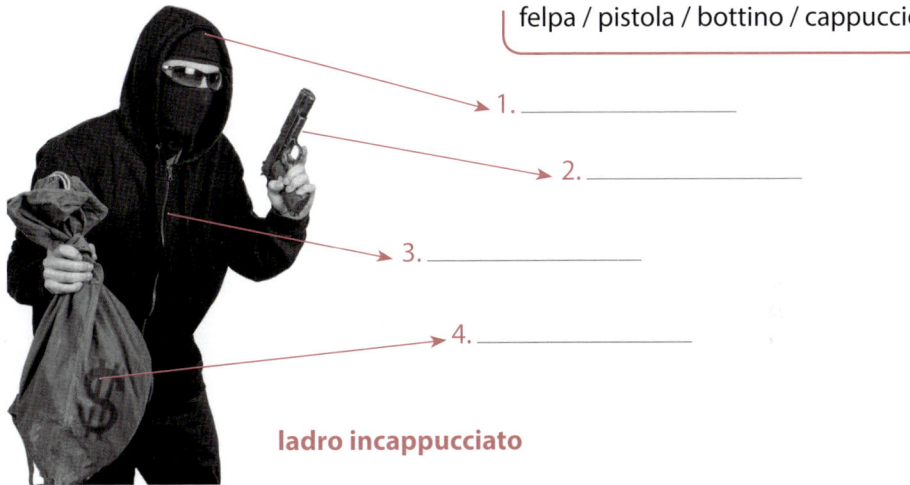

1. _____
2. _____
3. _____
4. _____

ladro incappucciato

3 Completa le frasi con il verbo adeguato al *trapassato prossimo*.

> consigliare - partire - regalare - uscire - amare - portare - conoscere - cominciare

1. Quando noi siamo arrivati, Michele _____ già _____.
2. I ladri mi hanno rubato l'anello che mio marito mi _____ per il fidanzamento.
3. Quando tu sei arrivato alla stazione, il treno _____ appena _____.
4. Serena ha lasciato in ufficio il foulard che tu le _____ da Parigi.
5. Sabato ho visto al cinema il film che tu mi _____.
6. Al bar avete incontrato la ragazza che _____ già _____ al corso di italiano.

Più scrivo più parlo 2

SCRIVIAMO

7. Quando vi siete iscritti, noi non _____ ancora _____ le lezioni.

8. Sara ha divorziato perché suo marito non l'_____ mai _____.

④ Correggi con la forma corretta dell'aggettivo dimostrativo *quello*.

1. Quello treno è veloce. _____
2. Quelle classe è grande. _____
3. Sono vostri quei zainetti? _____
4. Non ti piace quel attore? _____
5. Quelli gatti sono neri. _____
6. Non vediamo più quell'amiche. _____

> **Attenzione:** L'aggettivo **quello** ha diverse forme e, davanti al nome, si comporta come l'articolo determinativo.

Ora tocca a te!

① *Compito*: Scegli uno dei seguenti titoli di giornale. Poi scrivi la notizia che immagini, ricavandola dal titolo e seguendo la scaletta.

> Claudia, studentessa modello a Ischia: "Volo in Malesia con una borsa di studio da 10 mila euro"

> Bari - Coppia acquista una vacanza in Internet ma l'agenzia di viaggi è inesistente

> Gli specialisti del 'furto con abbraccio' denunciati a Genova. Individuati dalla polizia dopo la denuncia di un anziano

> Il piccolo Ben, 9 anni, vende limonate in strada per comprare il cibo ai gatti randagi di Ostuni

> Latina - Sessantenne gioca una schedina da due euro al Totocalcio e si porta a casa un tesoretto da 500mila euro

scaletta

- chi è il/la protagonista del fatto di cronaca?
- qual è stata la dinamica del fatto?
- che cosa è successo di rilevante?
- come è finito il fatto?
- quando e dove è successo il fatto?
- perché è successo? (cosa l'ha causato?)

FATTO DI CRONACA 4

2 *Compito*: In una e-mail racconti a un amico la dinamica di un furto che hai visto o di cui sei rimasto vittima. Segui la scaletta.

scaletta
- dove e quando è successo
- descrivi l'aspetto del ladro/dei ladri
- racconta che cosa ti è successo e come
- parla delle emozioni che hai provato
- concludi raccontando come è finita la brutta vicenda

PER PARLARE

1 Abbina la risposta corrispondente ad ogni domanda della polizia.

Alla polizia
1. Prego, signora. Si accomodi! Che cosa vuole denunciare?
2. Dove e quando è successo?
3. Ci racconta la dinamica del fatto?
4. Nel portafoglio aveva molti soldi? Altro?
5. Può descrivere le persone che erano vicino a lei?
6. C'erano le camere di sicurezza?
7. Può compilare il modulo della denuncia?

a. Purtroppo non le ricordo.
b. Non lo so. Dovreste controllare voi.
c. Avevo aperto la borsa per prendere il cellulare e scattare una foto. Dopo, quando stavo per andare via, ho capito che il mio portafoglio non c'era più.
d. Sì. Certamente! Firmo qui in basso?
e. Il furto del mio portafoglio.
f. Un'ora fa vicino alla fontana di Trevi.
g. Avevo solo pochi spiccioli, ma lì dentro c'erano tutti i miei documenti e la carta di credito.

1. _____ 2. _____ 3. _____ 4. _____ 5. _____ 6. _____ 7. _____

Più scrivo più parlo 2

② Descrivete la foto e rispondete alle domande.

1. Si tratta di una scena reale o tratta dal set di un film? Motiva la tua risposta.
2. Nel tuo Paese quali incidenti sono più frequenti?
3. Da che cosa sono causati?
4. Tu sei mai rimasto vittima di un incidente? Racconta.

③ Situazioni.

1. Ugo e Armando stanno discutendo se è meglio informarsi in Tv o sui social. Leggete che cosa dicono e poi intervenite anche voi nella discussione, esprimendo la vostra opinione.

Opinione di Ugo
A. Basta Tv! Adesso scelgo io. Grazie ad una app, ricevo le notizie sul mio cellulare e sono informato su tutto quello che succede nel mondo in qualunque momento della giornata. Poi le news sono brevi, a volte di una o due righe, così le leggo velocemente e posso continuare a fare il mio lavoro, senza perdere tempo. L'unico problema sono le fake news. Ma non è tanto difficile riconoscerle.

Opinione di Armando
B. Le persone che fanno affidamento sui social media per informarsi hanno maggiori probabilità di essere male informate rispetto a quelle che fanno affidamento sui media tradizionali, come la TV. Io non ho fiducia nei social che danno continuamente notizie senza verificare se sono vere o false. E poi mi spaventa il tempo che i giovani passano sui social a caccia di novità.

2. A coppie - Hai subito un furto in casa mentre eri al lavoro. Vai alla polizia per fare la denuncia. Rispondi alle domande del poliziotto. Lui ti promette che indagherà.

ESPRESSIONI UTILI

- Tamponamento
- Urto
- Sorpasso
- L'incidente è stato causato (da)
- Fermarsi al semaforo
- Noleggiare una macchina
- Parcheggio in doppia fila

- Fare affidamento (su)
- Andare a caccia di notizie
- Ferire qualcuno con un colpo di pistola
- Uccidere / ammazzare
- È stato trasportato in ospedale
- Sono intervenuti i vigili del fuoco
- Lo sciatore è stato travolto dalla neve
- Indagare / fare le indagini

Più scrivo 2 più parlo

SÌ, VIAGGIARE

5 livello B1

 SCRIVIAMO
Raccontare un viaggio su un blog, scrivere un'e-mail formale di reclamo / lamentela ad un'agenzia turistica

 PARLIAMO
Parlare di esperienze di viaggio

LESSICO
prenotare, volo, dépliant, coincidenza, atterrare, divertente, rilassante, faticoso, meta, locale, soggiorno, indimenticabile, rimborsare...

FUNZIONI
raccontare sul blog: il mio primo viaggio, scrivere un'e-mail di reclamo/lamentele a un'agenzia turistica, parlare di avventure e disavventure di viaggi...

ESPRESSIONI
consultare una mappa, godersi il paesaggio, camminare, andare in giro, noleggiare un'auto, assaggiare un cibo, alloggiare in albergo...

Più scrivo 2 più parlo

1 Scrivi l'espressione sotto all'immagine corrispondente.

1. compagnia aerea
2. il check in
3. il metal detector
4. il nastro trasportatore
5. deposito bagagli
6. il passaporto
7. dépliant pieghevole

a. _____ b. _____ c. _____ d. _____

e. _____ f. _____ g. _____

2 Abbina le parole a sinistra con il verbo adatto a destra.

1. la coincidenza ☐   a. noleggiare
2. una città d'arte ☐   b. atterrare
3. il deserto sul cammello ☐   c. consultare
4. sulla pista l'aereo ☐   d. visitare
5. un'auto ☐   e. perdere
6. una mappa ☐   f. attraversare

SÌ, VIAGGIARE

3 Come può essere un viaggio? Forma delle coppie di aggettivi contrari.

rilassante - divertente - avventuroso - economico - lungo - faticoso - lussuoso - breve - tranquillo - noioso

_____ ≠ _____   _____ ≠ _____
_____ ≠ _____   _____ ≠ _____
_____ ≠ _____

Parte A

1a A coppie - Leggete dal blog il testo dal titolo *Il mio primo viaggio*. Poi, mettete in ordine i paragrafi, come nell'esempio.

____ a. Una volta a Palermo, siamo andati in albergo e abbiamo messo a posto i bagagli. C'erano dei comodi letti e così ci siamo potuti riposare un po' prima di uscire. Verso le due siamo andati a pranzare in un ristorante sul mare e devo dire che la cucina siciliana è veramente particolare.

_1_ b. Mi piace molto viaggiare e ho già visitato molti paesi del mondo. Eppure non dimenticherò mai il mio primo viaggio di due settimane che ho fatto in estate con mio padre quando avevo dodici anni. La nostra fantastica meta era la Sicilia.

____ c. La notte prima di partire, ero un po' agitato ed emozionato e non ho potuto chiudere occhio. Quando siamo saliti sull'aereo, però, tutto è cambiato. Non vedevo l'ora di atterrare per conoscere quest'isola meravigliosa.

____ d. la mattina ci fermavamo a fare il bagno dove l'acqua era trasparente, pulita, cristallina, e la sera andavamo in giro per le strade, godendoci i luoghi e gli splendidi panorami che vedevamo. A pranzo e a cena cercavamo dei locali tranquilli dove mangiavamo i cibi siciliani. Mi piacevano soprattutto i dolci e i gelati e volevo assaggiarli tutti.

____ e. Più tardi, nel pomeriggio, abbiamo camminato per raggiungere un negozio dove abbiamo potuto noleggiare un'auto. Volevamo una macchina grande per girare tutta l'isola. Così ogni giorno riuscivamo a fare tante cose:

____ f. In conclusione, era tutto indimenticabile e per questo nella mia camera conservo ancora le foto di Palermo, Catania, Taormina, Siracusa e Agrigento. Ogni tanto le guardo, pensando alle emozioni del mio primo viaggio all'estero.

Più scrivo più parlo 2

SCRIVIAMO

1b Costruisci la mappa concettuale per parlare di viaggi con le informazioni presenti nel testo che hai letto.

2a Metti l'ausiliare giusto per formare il passato prossimo del verbo indicato. Poi trasforma usando il verbo servile (volere, potere, dovere) al passato, come nell'esempio.

(io, studiare… da solo) Ho studiato → ho voluto/potuto/dovuto studiare da solo.

1. tu, mangiare… il cibo locale.
   _____

2. lui, partire… presto.
   _____

3. noi, uscire… alle 11 precise.
   _____

4. voi, cantare… in coro.
   _____

5. loro, prendere… il treno.
   _____

6. io, mettere… le scarpe sportive.
   _____

 Attenzione: Scegliamo l'ausiliare dei verbi *potere, volere, dovere* in base all'infinito che segue.

SÌ, VIAGGIARE

2b I verbi servili al passato. Sottolinea l'ausiliare corretto.

1. Stamattina io — a. ho — b. sono — dovuta andare in aeroporto con il taxi.
2. Voi — a. avete — b. siete — voluti rimanere da soli.
3. Tu non — a. hai — b. sei — potuto rimandare il viaggio.
4. Noi ci — a. abbiamo — b. siamo — dovuti alzare presto.
5. I ragazzi non — a. hanno — b. sono — potuto noleggiare la macchina.
6. Giulia — a. ha — b. è — voluto prenotare il viaggio online.

3 A volte basta una piccola differenza e un'espressione assume un significato particolare. Abbina con il significato corretto.

1. non chiudere occhio ☐
2. calcolare a occhio ☐
3. chiudere un occhio ☐
4. avere occhio ☐

a. saper scegliere
b. essere tollerante
c. fare una stima senza misurare
d. restare sveglio

4 Completa le frasi con la preposizione di luogo (semplice o articolata) che sceglierai tra le seguenti.

> in - a - per - da

1. Vado _____ Stati Uniti, _____ New York.
2. Torno _____ Spagna, _____ Madrid.
3. Vivo _____ Inghilterra, vicino _____ Londra.
4. Parto _____ Francia, _____ Parigi, _____ aereo.
5. Se viaggi _____ Europa, ci sono molti vantaggi.
6. Beato te che vai a vivere _____ Italia centrale!
7. Molti film sono girati _____ India.
8. Siamo cinesi e veniamo _____ Cina orientale.
9. Abbiamo trascorso il ferragosto _____ Toscana.
10. I nostri amici andranno in vacanza _____ isola di Santorini.

Più scrivo 2 più parlo

Parte B

1a Il signore M.C. ha scritto un'e-mail di reclamo/lamentela ad un'agenzia turistica. Leggila e sottolinea le parole che non conosci.

A:
Cc:
Oggetto:

Egregi Signori,
con la presente desidero sottolineare la mia totale insoddisfazione nei confronti della vostra agenzia, in particolare per quanto riguarda il mio soggiorno sulla Riviera Adriatica che avevo prenotato in data 10 marzo per il periodo dal 5 agosto al 15 agosto.
Purtroppo l'albergo dove dovevamo alloggiare era lontano dal centro del paese e ben differente da come appariva nella pubblicità, mentre il mare della spiaggetta privata della struttura era tanto pieno di alghe e meduse che la mia famiglia ed io non potevamo farci il bagno, ma dovevamo camminare un'ora sotto il sole per raggiungere un'altra località.
Inoltre, il cibo era scadente ed eravamo costretti a consumare i pasti fuori dall'albergo a nostre spese.
Infine, il pulmino che ci doveva portare in paese saltava le corse e così eravamo obbligati a pagare anche per il taxi.
Ho avvisato immediatamente il Vostro referente che mi ha comunicato in tono poco gentile che non poteva fare niente per risolvere i problemi.
Vi chiedo, quindi, di provvedere entro un mese a rimborsarmi il costo delle spese sostenute, altrimenti sarò costretto a rivolgermi all'Autorità Giudiziaria.
Ringrazio dell'attenzione e porgo cordiali saluti.
M.C.

 le meduse   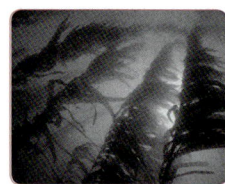 le alghe marine

Invia

1b Trova nel testo le seguenti informazioni e scrivile negli spazi.

1. soggiorno pubblicizzato: _____
2. problemi:
   - albergo _____
   - mare _____
   - cibo _____
   - pulmino _____
3. richiesta: _____

SÌ, VIAGGIARE

1c Nel testo abbiamo letto che il pulmino "saltava le corse". Questa espressione significa che il pulmino non faceva tutte le corse in programma, ma ne tralasciava qualcuna. Abbina le frasi a sinistra con il verbo saltare con il significato a destra.

1. Ho saltato il pranzo.
2. Il corridore deve saltare alcuni ostacoli.
3. Il matrimonio è saltato.
4. Che ti è saltato in mente?
5. Saltiamo da pag. 3 a pag. 8.
6. Mi sono saltati i nervi.

a. tralasciare qualcosa
b. arrabbiarsi
c. superare con un salto
d. pensare all'improvviso
e. non farsi, non celebrarsi
f. non consumare un pasto

2 Completa la risposta dell'agenzia con le parole del riquadro.

> dell' - è - Sua - vacanze - cosa - rimborsarLe - Lei - assente

A:
Cc:
Oggetto:

Gentile sig. M.C.,
siamo davvero spiacenti per quanto _____ (1) successo a Lei e alla Sua famiglia durante le _____ (2). Purtroppo i problemi di cui ci ha informato non si potevano risolvere perché il direttore _____ (3) albergo proprio in quei giorni era _____ (4) per malattia e il personale non sapeva che _____ (5) fare. Pertanto ci scusiamo con Lei e Le comunichiamo che siamo disposti a _____ (6) il costo delle spese che ha sostenuto nei tempi da _____ (7) previsti.
Sperando nella _____ (8) comprensione, Le porgiamo distinti saluti.
Il team dell'agenzia "vacanze da sogno"

3 Sottolinea l'avverbio corretto.

1. Marco è partito per New York. *Anche/ Neanche* io sono andata con lui.
2. Partirò presto e *pertanto / siccome* devo fare il biglietto.
3. Arriveremo dopodomani, *infine / quindi* giovedì.
4. Il traghetto è arrivato e *dunque / quando* partiremo in orario.
5. *Finché / Allora* ci vediamo domani?
6. La notte Paolo non dorme: beve molti caffè e *inoltre / anzi* vede film horror.

Più scrivo 2 più parlo

SCRIVIAMO

4a Completa le frasi con il *gerundio semplice* del verbo in parentesi.

1. La ragazza è entrata in casa _____ (correre).
2. Le telefono _____ (sperare) nel Suo aiuto.
3. Asia ha imparato tante cose _____ (vedere) documentari.
4. Giorgio si è fatto male al ginocchio _____ (giocare) a calcio.
5. Matteo e Fiorella discutevano, _____ (camminare) verso casa.
6. _____ (sentire) dei rumori strani nell'appartamento vicino, la signora Rossi ha chiamato la Polizia.
7. Riuscirai a essere in forma per l'estate, _____ (fare) ginnastica.
8. _____ (uscire), spegnete la luce.

4b Abbina le colonne.

1. Sentendosi stanca,   a. vi rilasserete.
2. Alzandomi presto,   b. hanno cominciato a fare errori.
3. Divertendoci,   c. non hai voluto più parlare con lui.
4. Facendovi il bagno,   d. Anna è andata a dormire.
5. Essendoti arrabbiata,   e. impareremo tante cose.
6. Confondendosi,   f. potrei prendere il treno delle sette.

> **Attenzione:** I pronomi seguono sempre il gerundio presente con cui formano una sola parola.

4c Metti in ordine le parole per ottenere una frase.

1. le - foto - del - viaggio - primo - all' - mio - estero, - Guardando - grande - una - provo - emozione.
2. abbiamo - trovato - una - privata. - spiaggetta - con - Andando - macchina, - la - giro - in
3. dell' - RingraziandoLa - attenzione , Le - cordiali - porgiamo - saluti.
4. sempre - consigli, - ascoltato - i - Avete - nostri - dimenticandoli - non - mai.
5. due - a - Sostenendone - giugno, - avrete - finito - gli - tutti - esami. - già

1. _____
2. _____
3. _____
4. _____
5. _____

SÌ, VIAGGIARE

5

Ora tocca a te!

1 *Compito*: Seguendo la scaletta, racconta il viaggio più bello che hai fatto.

scaletta

- riferisci che ti piace viaggiare e che viaggi spesso in tutto il mondo
- racconta dove sei andato la prima volta che hai fatto un viaggio all'estero, per quanto tempo, con chi e quanti anni avevi
- descrivi quello che hai/avete fatto, una volta arrivato/i sul posto
- scrivi perché questo viaggio per te è stato indimenticabile

2 *Compito*: Scrivi un'e-mail di reclamo all'agenzia turistica perché ti ha informato di aver deciso di cambiare le date di partenza e ritorno del viaggio che avevi prenotato. Tu non potrai partire nel periodo che ti hanno proposto per motivi di lavoro e richiedi il rimborso dell'anticipo versato.

scaletta

- riporta i motivi per cui vuoi lamentarti
- descrivi tutti i disagi che dovrai subire
- parla dei vani tentativi fatti per avvisare l'agenzia che non puoi cambiare le date del viaggio
- chiedi il rimborso dell'anticipo versato entro un periodo di tempo, prima di rivolgerti alle autorità

PER PARLARE

1 Quale dei seguenti Paesi consigliereste di visitare a queste persone? Perché?

L'Italia, la Grecia, l'Egitto, la Spagna, il Portogallo, la Turchia, le Maldive, l'Irlanda, l'India, la Cina, l'America, il Messico, Cuba, la Francia, l'Olanda.

- un amante dell'avventura
- uno studioso di antiche civiltà
- una coppia in viaggio di nozze
- una persona solitaria

2 Descrivete la foto e rispondete alle domande.

1. Secondo voi, questo ragazzo ha perso l'aereo o non sa cosa fare in aeroporto durante lo scalo? Motivate la vostra risposta, spiegando che cosa fareste voi al posto suo.

Più scrivo più parlo 2

PARLIAMO

2. Nel vostro Paese in quale periodo dell'anno le persone preferiscono viaggiare? Per quanto tempo? Quali sono le mete preferite? Che mezzo di trasporto usano?
3. In quale Paese non andreste mai e perché.
4. Quando viaggiate, che cosa portate sempre con voi?
5. Avete mai avuto, o conoscete qualcuno che ha avuto un'avventura o una disavventura durante un viaggio? Raccontate.

3 Giochiamo: Rispondete alle domande del test. Dopo leggete il vostro profilo e dite se corrisponde al tipo di viaggiatore che siete.

1. Preferisci viaggiare: **a.** da solo **b.** con i tuoi amici **c.** con la tua famiglia
2. Scegli i viaggi: **a.** last-minute **b.** organizzati da te **c.** programmati da un'agenzia
3. Prima di partire controlli: **a.** se hai il passaporto valido **b.** se hai la carta di credito nel portafoglio **c.** se hai fatto tutte le vaccinazioni
4. Quando viaggi, la tua valigia è: **a.** uno zaino **b.** un trolley grande **c.** un borsone e un valigione
5. Nella tua valigia non mancano mai **a.** i libri **b.** le medicine **c.** il pigiama
6. Quando arrivi a destinazione: **a.** vai a mangiare **b.** ti riposi in albergo **c.** esci subito
7. In viaggio preferisci fotografare: **a.** te stesso **b.** i monumenti **c.** i paesaggi

*Se prevalgono le risposte con la **a**:* Ti piace l'avventura e in viaggio ti prendi cura di te. Per te un viaggio è un'opportunità di conoscere meglio te stesso.
*Se prevalgono le risposte con la **b**:* Ti piace stare in compagnia, ami il relax, sei previdente e, secondo te, il denaro "apre tutte le porte".
*Se prevalgono le risposte con la **c**:* Non ti piacciono gli imprevisti. Sei romantico, ma non ti piace perdere tempo. Ami viaggiare comodamente in compagnia della tua famiglia.

3 Situazioni.

1. Sei in aereo e vicino a te siede un ragazzo italiano. Anche lui, come te, è stato per una settimana a X. Parlate delle vostre esperienze (che avete fatto, che cosa avete comprato, che cosa non vi è piaciuto, ecc).
2. Il tuo compagno/la tua compagna è un po' pigro/a e non ama viaggiare. Convincilo/a a fare il giro del Mediterraneo con una nave da crociera.

ESPRESSIONI UTILI

- (Lo) sciopero (dei piloti, del personale di bordo, ecc.)
- Proporre un itinerario
- Fare una tappa (a)
- La meta preferita
- Arrivare a destinazione
- Imbarcarsi su una nave da crociera
- Chiedere un rimborso
- Documento valido/scaduto
- Volo diretto / con scalo all'aeroporto di…

Più scrivo  più parlo

6
livello B1

EVENTI NEL FINE SETTIMANA

🔊 SCRIVIAMO
Scrivere su una pagina di diario, scrivere a un amico per un consiglio

🗣 PARLIAMO
Convincere una persona a fare qualcosa

○ **LESSICO**

concerto, idolo, applaudire, sagra, maratona, fiera, processione, autografo, appassionante, unico, magnifico, mitico, noia, gioia, eccitato...

○ **FUNZIONI**

raccontare su un diario, chiedere un consiglio, convincere, proporre...

○ **ESPRESSIONI**

evento gastronomico, rappresentazione teatrale, pista di pattinaggio su ghiaccio, mercatino dell'usato, provare un'emozione forte...

Più scrivo più parlo 2

SCRIVIAMO

1 Quale degli eventi del riquadro mostrano le immagini? Attenzione agli intrusi.

evento gastronomico - mostra fotografica - sagra del vino - concerto dal vivo - visita guidata - maratona - mercatino dell'usato (o delle pulci) - rappresentazione teatrale in piazza - festa rinascimentale in costume - processione religiosa - mercato delle cose antiche - fiera del libro

1. _____

2. _____

3. _____

4. _____

5. _____

6. _____

Parte A

1a Romeo, un fan di Jovanotti, sabato è andato ad ascoltare un suo concerto. Scrive una pagina sul suo diario in cui racconta quello che ha fatto e le emozioni che ha provato.

Caro diario,

non ci crederai! Ieri ho potuto ascoltare dal vivo a Rimini il mio cantante preferito, Jovanotti! Alle 17, insieme al mio amico del cuore, Francesco, che, come me, va pazzo per Jovanotti, ero già in fila davanti al cancello d'entrata. Chiacchierando, il tempo è passato in fretta e alle 20 c'era già tantissima gente. Ma fortunatamente, appena hanno aperto i cancelli, siamo riusciti a entrare e a trovare una sistemazione vicino al palco. Alle 21 il sole era ormai tramontato e così hanno acceso le luci. Tutto era pronto. Noi non stavamo più nella pelle ed eravamo molto eccitati. Ad un certo punto, abbiamo visto arrivare sul palco proprio lui, il nostro idolo. L'emozione era alle stelle quando ha preso in mano il microfono e ha cominciato a cantare. Tutti i presenti dapprima sono rimasti con il fiato sospeso, poi hanno iniziato a cantare a squarciagola e a ballare al ritmo delle sue canzoni che conoscevano a memoria. Che serata fantastica! Jovanotti aveva una voce e un'energia straordinarie e tutti

EVENTI NEL FINE SETTIMANA 6

applaudivano senza sosta. Durante tutto il concerto Francesco ed io abbiamo scattato un sacco di fotografie e anche fatto brevi video con il cellulare. Saremmo voluti restare lì fino al mattino. Dopo due ore, invece, il concerto è terminato e siamo ritornati a casa senza voce, ma con il cuore pieno di gioia. Sicuramente la data di ieri rimarrà per sempre impressa nella mia mente.

1b Quali delle seguenti informazioni sono presenti nel testo letto?

1. Jovanotti è un cantante molto amato dai suoi fan. ☐
2. Jovanotti è nato a Rimini. ☐
3. Romeo non è andato al concerto da solo. ☐
4. Lo spettacolo del sole che tramontava era magnifico. ☐
5. Tutti i presenti scattavano foto e video. ☐
6. Jovanotti cantava a squarciagola. ☐
7. Tutti battevano le mani, senza interruzione. ☐
8. Romeo non dimenticherà mai questo evento. ☐

1c Abbina le espressioni al loro significato.

1. andare pazzo (per) ☐   a. non poter contenere l'impazienza
2. non stare più nella pelle ☐ b. (essere) al massimo
3. (essere) alle stelle ☐   c. senza interruzione, di continuo
4. rimanere con il fiato sospeso ☐ d. amare tantissimo
5. a squarciagola ☐   e. trattenere il respiro per l'emozione
6. senza sosta ☐   f. non dimenticare
7. restare impresso nella mente ☐ g. con tutta la forza della voce

1d Gioco. Dividetevi in due gruppi. Completate i seguenti aggettivi utili a definire uno spettacolo. Vince il gruppo che termina per primo.

Gruppo A
1. m__ g__if__c__
2. s__u__e__d__
3. a__pas__i__na__t__
4. e__c__zi__n__l__
5. m__r__vi__l__os__
6. f__nt__s__ic__
7. m__t__co
8. f__v__los__
9. s__ra__rd__nar__o
10. n__i__s__

Gruppo B
1. ba__al__
2. i__sig__ifi__ant__
3. m__de__t__
4. o__r__bil__
5. i__te__e__s__nt__
6. s__g__es__iv__
7. em__zio__ant__
8. sc__d__nt__
9. co__nv__lge__t__
10. i__di__en__ic__bil__

Più scrivo 2 più parlo

SCRIVIAMO

2a Spiega il significato che ha la particella *ci* in ciascuna delle seguenti frasi.

1. Asia ti ha detto che ha visto il tuo ragazzo con un'altra e tu *ci* hai creduto.
2. Mio fratello non è una persona affidabile. Non *ci* posso contare.
3. Clara ha comprato un'auto nuova. *Ci* tiene troppo!
4. Il pasticciere sta preparando una torta, ma io non so quanto zucchero *ci* mette.
5. Ami ancora Serena? *Ci* pensi mai?
6. Con i miei cugini ci vediamo raramente. Quasi non *ci* parlo più.
7. Al concerto di Jovanotti? Mi dispiace, ma non possiamo venir*ci*.

> **Attenzione:**
> La particella **ci**:
> - può sostituire un luogo.
> - può sostituire parole o frasi intere precedute dalle preposizioni *a*, *su*, *in* e *con* (sostituisce *a*, *su*, *in* e *con* + una persona, una cosa o un fatto).

2b Sostituisci le ripetizioni nelle frasi usando la particella *ci*.

1. Hai perso il foulard che avevi comprato in Italia. Peccato! Tenevi tanto a quel foulard.

2. Se ci invitano a casa loro, noi andiamo a casa loro con piacere.

3. Luigi ha promesso che mi farà un bel regalo, ma io non credo che mi farà un bel regalo.

4. L'Italia è il Paese dove siete nati e pensate spesso all'Italia.

5. Bisogna comprare il pane dal fornaio. Sta' tranquillo, pensiamo noi a comprare il pane dal fornaio.

6. Milano è un'importante città dell'Italia del Nord, ma Federica non è mai stata a Milano.

7. Mauro mi ha dato la sua parola che mi aiuterà e io conto molto sulla parola di Mauro.

8. Avete comprato un nuovo computer e fate un sacco di cose con il nuovo computer.

9. I miei genitori vogliono venire alla tua festa, ma non sanno se riusciranno a venire alla tua festa.

EVENTI NEL FINE SETTIMANA

3a Trasforma al condizionale composto l'imperfetto del verbo *volere*, come nell'esempio.

Volevamo restare lì fino al mattino → *Saremmo voluti* restare...

1. Volevo mangiare in quel ristorante, ma era troppo caro.
   → _____

2. Volevamo ascoltare il concerto, ma non è stato possibile.
   → _____

3. Lara voleva scattare delle foto, ma il suo cellulare era scarico.
   → _____

4. I ragazzi volevano trovare una sistemazione vicino al palco, ma c'era troppa gente.
   → _____

5. Volevi un autografo da Jovanotti, ma non sei riuscita neanche ad avvicinarlo.
   → _____

6. Volevate bere qualcosa al bar, ma poi avete cambiato idea.
   → _____

 Attenzione: Nell'italiano colloquiale, il condizionale passato, in alcuni casi, può essere sostituito dall'imperfetto.

3b Trasforma all'imperfetto il condizionale composto dei verbi *volere*, *potere* e *dovere* come nell'esempio.

Avresti potuto comprare quel vestito quando c'erano i saldi. → *Potevi* comprare...

1. Sarei voluta andare di nuovo in Italia con Enrichetta.
   _____

2. Non saresti dovuto arrivare in ritardo all'appuntamento.
   _____

3. Rosa avrebbe voluto aspettare suo figlio, ma non poteva.
   _____

4. Non avreste dovuto chiedere un permesso al direttore perché in quel periodo c'era troppo lavoro.
   _____

5. Sarebbero potuti uscire con la macchina, ma i freni non funzionavano.
   _____

6. Avremmo voluto visitare il Museo, ma era chiuso.
   _____

Parte B

1a Leggi i testi A e B e sottolinea le parole che non conosci.

A

A:
Cc:
Oggetto:

Caro Gennaro,

come stai? È da molto tempo che non ti scrivo, perché ho cambiato lavoro ed ero molto impegnata. Fortunatamente qui i colleghi sono collaborativi e non ho più i problemi di prima. Così, ora che avrò un po' di tempo, ho deciso di passare il prossimo fine settimana nella tua città. Ho letto in internet il programma con le attività del tempo libero in calendario e ho scelto le seguenti che ti allego:

Il calendario dei migliori eventi del mese a Napoli e dintorni

a. Per tutto il mese di gennaio possiamo andare a vedere al teatro Mercadante di Napoli *Il filo di mezzogiorno*, una rappresentazione teatrale del regista Mario Martone che racconta l'esperienza psicoanalitica di una donna, interpretata dall'attrice Goliarda Sapienza. 081 5510336 | info@teatrodinapoli.it | Teatro Mercadante

b. Dal 20 gennaio a Napoli si può partecipare ad una bellissima mostra dedicata ad un grande pittore: Claude Monet. Si tratta di una "Immersive Experience" nella Chiesa di San Potito, nelle vicinanze del Museo Archeologico Nazionale, visitabile fino al 31 marzo. Biglietti in vendita su Ticketmaster.

c. Se avete voglia di vivere un'esperienza speciale al di fuori del normale, allora non potete non provare i voli con una mongolfiera per ammirare le bellezze della Reggia di Carditello. Dal 15 gennaio si può volare ogni giorno, ma contattando prima *Volare sull'arte* al numero 3488036204.

d. Mercoledì 8 gennaio, vicino al centro commerciale di Nola, sarà inaugurata una speciale novità per i visitatori, ovvero una speciale pista di pattinaggio sul ghiaccio. I visitatori, sia grandi che piccini, potranno noleggiare i pattini e provare l'emozione di volteggiare sul ghiaccio.

Dato che arriverò sabato alle 10 e ripartirò domenica pomeriggio, quali di questi eventi mi consiglieresti?
Ti ringrazio dell'aiuto e ti saluto.
Ciao!
Laura

EVENTI NEL FINE SETTIMANA

B

A:
Cc:
Oggetto:

Carissima Laura,
come stai? Sono molto contento che tu verrai nella mia città, anche se ti fermerai solo per il fine settimana. So che a te piace molto lo sport e il teatro, ma che, in genere, ti annoi a visitare musei e mostre. Per questo penso che sabato sera potresti andare allo spettacolo teatrale del Mercadante. Ti assicuro che questa rappresentazione è proprio una di quelle che piacciono a te che sei studentessa di psicologia e ti interessa instead il mondo femminile. Domenica mattina, invece, ti consiglierei di andare a Carditello che si trova a pochi chilometri di distanza da Napoli e provare il brivido di volare in mongolfiera, ammirando dall'alto le bellezze naturali e il panorama del territorio.
Anzi, siccome neanche io ci sono mai stato, se ti fa piacere, potremmo andarci insieme. Che ne dici? In questo modo avremmo anche l'occasione di incontrarci e fare quattro chiacchiere. Aspetto la tua risposta per prenotare. Se sei d'accordo, puoi mandarmi un sms entro oggi per confermare?
A presto!
Gennaro.

B *I* ≡ ≔ H % ⌕ {{}}   Invia

1b Dopo aver letto i testi A e B, rispondi alle domande.

1. Chi è Gennaro e di dove è?
   _____

2. Perché Laura scrive a Gennaro?
   _____

3. Che cosa piace a Laura? Che cosa l'annoia?
   _____

4. Gennaro cosa consiglia a Laura di fare il sabato? Come mai?
   _____

5. Secondo Gennaro, dove potrebbe andare la domenica?
   _____

6. Che cosa propone Gennaro a Laura?
   _____

Più scrivo 2 più parlo

2 Trova nel parolone 10 aggettivi che si usano per caratterizzare gli eventi e le manifestazioni.

ATTESOMEMORABILESPETTACOLAREUNICOECCEZIONALEINDIMENTICABILESENSAZIONALERAROIMPERDIBILEAPPASSIONANTE

_____

3a Sostituisci le ripetizioni nelle frasi usando la particella *ne*, come nell'esempio.

*Mia sorella ha promesso di andare dai suoi genitori, ma non ha ancora parlato **di andare dai suoi genitori** con suo marito. → Mia sorella ha promesso di andare dai suoi genitori, ma non **ne** ha ancora parlato con suo marito.*

1. Spero di partire domani per Firenze, ma non sono sicura di partire.

2. Ci avete chiesto se domenica c'è un concerto in piazza, ma noi non sappiamo nulla del concerto in piazza.

3. Vorremmo fare un weekend di relax perché abbiamo bisogno di un weekend di relax.

4. Questo evento è noioso e farei volentieri a meno di questo evento.

5. Loro pensano di partecipare alla gara, però noi non abbiamo il coraggio di partecipare alla gara.

6. Parli sempre di questo argomento e non capisci che i tuoi figli non vogliono discutere di questo argomento.

7. Saverio ha avuto la brillante idea di partecipare a un mercatino dell'usato. Che dici di questa idea?

8. Federico ha scritto un libro, ma non parla mai del libro.

EVENTI NEL FINE SETTIMANA

3b Riscrivi nel riquadro i verbi all'infinito e le espressioni con la particella *ne* dell'esercizio precedente. Riporta, poi, la preposizione da cui questi verbi e queste espressioni sono sempre accompagnati.

Non ne ha ancora parlato. (Parlare di)

4 Completa le seguenti frasi con...

anzi - invece - purtroppo

1. Non mi dispiace accompagnarti, _____ mi fa molto piacere!
2. _____ di parlare, agisci!
3. Luca non è antipatico, _____ è davvero simpatico.
4. _____ Ornella non è felice.
5. Alcune persone partono. Altre, _____ , restano.
6. Verrò presto, _____ prestissimo.
7. Questo esercizio è facile, quell' altro, _____ , è difficile.
8. _____ domani pioverà.
9. Prendo un caffè, _____ no. Meglio un succo di frutta.
10. _____ impariamo poco o niente dai nostri errori.

Ora tocca a te!

① *Compito:* Su un forum parli del concerto del tuo cantante preferito a cui hai assistito e chiedi agli altri fan che erano presenti se hanno provato le tue stesse emozioni. Segui la scaletta.

scaletta
- riferisci quale cantante hai ascoltato, dove si è svolto il concerto, con chi ci sei andato e a che ora sei arrivato
- racconta quale era l'atmosfera prima, durante e dopo il concerto
- esprimi le emozioni che hai provato
- chiedi ai fan che l'hanno seguito di raccontarti la loro esperienza e le loro emozioni

② *Compito:* Sei di Napoli, come Gennaro. Hai letto sul forum il seguente annuncio. Rileggi gli eventi al punto 1a parte B e rispondi all'annuncio, seguendo la scaletta.

> Cristina&7- Salve a tutti! Ho bisogno di un piccolo consiglio. Studio all'università Storia dell'arte e mi piacciono gli sport invernali. Mi trovo a Napoli per il fine settimana e vorrei chiedere a chi ci abita, tra gli eventi che vi riporto, quali mi consigliate di vedere? Sono un po' indecisa. Aspetto i vostri consigli.

scaletta
- dille che non conosci i suoi gusti ma che, da quello che scrive, immagini che cosa le potrebbe piacere
- scegli due eventi per lei
- comunicale che può contattarti anche anche via whatsapp per altre informazioni e le fornisci il tuo numero

EVENTI NEL FINE SETTIMANA

PER PARLARE

1 A coppie: dopo aver completato i dialoghi con le parole del riquadro, una persona interpreta il ruolo A e un'altra il ruolo B.

> convinta - ne (2) - andarci - anzi - ci - dai - proprio - potremmo - da

A: Teresa, che cosa _____ (1) dici di andare alla mostra fotografica che riguarda il periodo della Dolce Vita a Roma all'inizio degli anni '60? Desidero molto _____ (2) con te.

B: Veramente oggi Martina ha il suo compleanno e sono invitata alla sua festa. Perché non _____ (3) vieni anche tu? Che _____ (4) pensi?

A: No, non posso. La mostra finisce oggi e non voglio perderla! Ma _____ (5), vieni anche tu... Sono sicura che ti piacerà.

B: Mi dispiace, ma Martina è una cara amica e non posso _____ (6) mancare alla sua festa di compleanno.

A: A che ora inizia la festa?

B: Alle 8 siamo invitati tutti al ristorante "_____ (7) Carmela".

A: Ascolta, ho un'idea. _____ (8) uscire nel primo pomeriggio e vedere la mostra fotografica e subito dopo, senza ritornare a casa, andare direttamente alla festa di Martina. Non faremo tardi. Va bene?

B: Sì, va bene, mi hai _____ (9). Mi sembra una buona idea. _____ (10)... telefono subito a Martina e provo a chiederle se vuole venire anche lei con noi.

A: Perché no? Sono certa che accetterà la nostra proposta. Ama tanto il vintage!

2 Rispondete alle domande.

Escursione guidata al tramonto, tra fenicotteri e specchi d'acqua nel Parco del Delta del Po, a Ravenna.

Più scrivo più parlo 2

1. Leggete la didascalia. Secondo voi, a che cosa si riferisce la seguente immagine?
2. Di solito, quando andate per un breve weekend in un luogo, consultate Internet per organizzare al meglio il vostro tempo?
3. Quali sono gli eventi più importanti che si svolgono o si sono svolti di recente nella vostra città o regione? In quale periodo? Raccontate.
4. Qual è l'evento che avete visto e vi è rimasto nel cuore? Motivate la vostra risposta.
5. Due amici, Giorgio e Daniele, sono nella tua città o regione per un fine settimana. Giorgio adora l'arte e a Daniele piace fare sport. Scegliete il divertimento più adatto al loro profilo.

3 Situazione.

Siete a Venezia per il weekend. Il tuo amico ti propone di fare un'escursione alle isole vicine di Murano e Burano; tu, invece, preferiresti restare in città per esplorarla e visitare chiese e monumenti. Gli dici che potreste anche dare un'occhiata in Internet all'intero cartello di eventi in programma a Venezia e decidere insieme. Convincilo!

ESPRESSIONI UTILI

- Alba / tramonto
- Dare un'occhiata
- Consultare il cartellone di eventi in programma
- Partecipare / assistere ad un evento
- Città d'arte
- Sono sicuro/a che ti piacerà
- Mi hai convinto/a
- Perché no?
- Mi sembra una proposta interessante

IO LAVORO E PENSO A TE...

7

livello B1

✍ SCRIVIAMO
Redigere una lista di suggerimenti, scrivere e-mail di accompagnamento al cv per una ditta

🗣 PARLIAMO
Parlare di questioni lavorative, trovare una giustificazione per un ritardo

LESSICO
giornalaio, muratore, faticoso, precario, Questura, Tribunale, colloquio, selezionatore, candidato, (il) cv, imprevisto, avvisare, assumere, licenziare, collaborare...

FUNZIONI
redigere una lista di suggerimenti che riguardano il lavoro, scrivere una lettera di accompagnamento al cv, rispondere ad un'inserzione, discutere di lavoro e telelavoro, trovare una giustificazione per un ritardo al lavoro...

ESPRESSIONI
arrivare in ritardo (in anticipo, in orario), fissare un appuntamento, aspettare il proprio turno, abbassare lo sguardo, indossare un abito adeguato, allegare un documento, essere disponibile a collaborare, domanda imbarazzante, capacità comunicative...

Più scrivo 2 più parlo

SCRIVIAMO

1 Scrivi sotto ad ogni immagine la corrispondente professione.

> giornalaio - agricoltore - portinaio - ristoratore -
> benzinaio - muratore - commessa - gelataia

1. _____ 2. _____ 3. _____ 4. _____

5. _____ 6. _____ 7. _____ 8. _____

2 Trova nel riquadro il mestiere di chi esercita le seguenti attività, come nell'esempio.

Si allena per le gare : *atleta*

> stilista - ~~atleta~~ - tabaccaio - regista - traduttore -
> parrucchiere - pilota - sarto - veterinario - pompiere

1. Pettina e taglia i capelli: _____
2. Disegna abiti per collezioni di moda: _____
3. Spegne gli incendi con la pompa: _____
4. Gira dei film: _____
5. Traduce testi da un'altra lingua: _____
6. Cura gli animali: _____
7. Vende sigarette: _____
8. Cuce capi di abbigliamento: _____
9. Guida un aereo o un'auto da corsa: _____

IO LAVORO E PENSO A TE...   7

3 Abbina luogo e professione.

1. infermiere ☐
2. giornalaio ☐
3. operaio ☐
4. agricoltore ☐
5. giudice ☐
6. commesso ☐
7. ristoratore ☐
8. giornalista ☐
9. poliziotto ☐

a. questura
b. tribunale
c. ospedale
d. edicola
e. fabbrica
f. campo
g. negozio
h. trattoria, ristorante
i. redazione di un giornale

4 Scrivi al femminile il nome di queste professioni.

1. cantante _____
2. attore _____
3. infermiere _____
4. cameriere _____
5. sarto _____
6. scrittore _____
7. insegnante _____
8. dottore _____
9. giornalista _____
10. fotografo _____

Parte A

1 Leggi la lista con i suggerimenti che Martino dà a Grazia sul comportamento che deve avere con il selezionatore al suo primo colloquio di lavoro. Poi, indica con una X la lettera (a, b, c) che corrisponde all'affermazione giusta.

1. Innanzitutto, ricordati che è importante non solo essere puntuali all'appuntamento, ma anche arrivare con almeno cinque minuti d'anticipo. Il responsabile non apprezzerà certo una persona che arriva in ritardo al suo primo appuntamento e si innervosirà. Allora, nel caso di un imprevisto, avvisa oppure chiedi di spostare l'appuntamento.

   Secondo Martino, è molto importante che Grazia arrivi al colloquio
   a. prima dell'orario fissato.
   b. poco dopo l'orario fissato.
   c. esattamente all'orario fissato.

2. Inoltre, un elemento a cui devi fare attenzione è l'abbigliamento. Sai che la prima impressione conta molto. Scegli, perciò, abiti adeguati all'occasione, né troppo eleganti, né troppo costosi. Dopotutto la semplicità è prova di finezza ed eleganza.

   Occorre che l'intervistata porti
   a. abiti cari.
   b. abiti semplici.
   c. abiti vistosi.

3. Oltre a ciò, vorrei darti ancora un suggerimento. So che, quando sei stressata, fumi. Tuttavia, sia mentre aspetti il tuo turno che durante il colloquio, non fumare, neanche se vedi un portacenere davanti a te.

   Martino dice che durante il colloquio
   a. è vietato fumare.
   b. è permesso fumare.
   c. è preferibile che lei non fumi.

4. Desidero, poi, raccomandarti di spegnere il cellulare e di rispondere gentilmente a tutte le domande, anche a quelle più imbarazzanti, in modo generale, guardando il selezionatore negli occhi. Non abbassare lo sguardo e non mostrare nervosismo.

   Durante il colloquio è bene che Martina
   a. tenga il cellulare silenziato.
   b. non risponda al cellulare.
   c. tenga spento il cellulare.

5. Ti suggerisco anche di non fare troppe domande sullo stipendio visto che non ti hanno ancora assunta, e di mostrarti sempre gentile e disponibile a collaborare con i futuri colleghi.

   Bisogna che durante il colloquio Grazia
   a. si mostri aperta a collaborare.
   b. mostri disinteresse verso il suo stipendio.
   c. dica che vuole fare carriera.

6. Infine, quando il selezionatore ti fa capire che il colloquio è ormai al termine, non insistere per continuarlo e soprattutto non dimenticare di ringraziare e salutare. Vedrai che otterrai il lavoro tanto desiderato.

IO LAVORO E PENSO A TE...

Alla fine del colloquio è necessario
a. andare via subito.
b. provare a fare le ultime domande.
c. dire "Grazie e arrivederLa".

2 **Trova quali dei seguenti aggettivi che si riferiscono al lavoro formano una coppia di sinonimi.**

1. stressante - rilassante ☐
2. creativo - ripetitivo ☐
3. saltuario - precario ☐
4. stagionale - fisso ☐
5. faticoso - pesante ☐
6. noioso - monotono ☐

3 **Redigi la lista con le cose "da fare" e quelle "da non fare" ad un colloquio di lavoro, completando con l'*imperativo di cortesia* dei verbi in parentesi.**

da fare

1. _____Porti_____ (portare) abiti formali, ma non troppo costosi.
2. _____ (arrivare) puntuale all'appuntamento.
3. _____ (spegnere) il cellulare prima del colloquio.
4. _____ (rispondere) alle domande del selezionatore.
5. _____ (guardare) negli occhi il Suo selezionatore.
6. _____ (parlare) degli studi e delle eventuali esperienze lavorative.
7. _____ (essere) sempre calmo e gentile.
8. Al termine del colloquio _____ (ringraziare) e _____ (salutare).

Attenzione:
Per l'*imperativo di cortesia*, usiamo la terza persona singolare del congiuntivo presente.

da non fare

1. Non _____ (indossare) abiti troppo eleganti o eccentrici.
2. Non _____ (arrivare) in ritardo all'appuntamento.
3. Non _____ (rispondere) al cellulare durante il colloquio.
4. Non _____ (mostrare) e non _____ (avere) stress.
5. Non _____ (abbassare) lo sguardo.
6. Non _____ (raccontare) particolari della Sua vita personale.
7. Non _____ (fumare).
8. Non _____ (fare) domande sullo stipendio.

4 In coppia - Redigete le due liste precedenti dell'esercizio 3 con le cose da fare ad un colloquio di lavoro, rivolgendovi a un amico e iniziando con l'espressione "È bene che tu ..." Che cosa notate?

È bene che tu <u>porti</u> *(portare) abiti formali, ma non troppo costosi.*

_____
_____
_____
_____

Parte B

1a Leggi l'annuncio e l'e-mail di accompagnamento che Martina ha scritto all'agenzia ONE TEAM, sottolineando le parole e le espressioni che non conosci.

> ONE TEAM Azienda leader appartenente al settore delle telecomunicazioni con sede a Padova, ricerca Operatori call center part time con esperienza, in modalità SmartWorking, perfetta conoscenza dell'inglese e buone capacità comunicative e relazionali. Per candidarti, invia il tuo cv a ufficiopescara13@gmail.com oppure contattaci al 3921480033. CHIEDIAMO MASSIMA SERIETÀ.

A:
Cc:
Oggetto:

Alla c.a.* del Responsabile dell'Ufficio del personale dell'Azienda ONE TEAM

In riferimento all'inserzione pubblicata sul sito Trovalavoro il 18 gennaio u.s.*, Le comunico di essere molto interessata al lavoro di Operatore call center e di avere le competenze richieste. Ho venti anni e sono una studentessa universitaria della facoltà di Lingue e Letteratura inglese. Ho precedenti esperienze lavorative come Operatore call center e sono sicura di essere la persona adatta per questo lavoro: sono attenta, responsabile e gentile anche con i clienti più esigenti.
Restando a disposizione per ulteriori chiarimenti, Le allego il mio c.v.*
In attesa di un cortese riscontro, La ringrazio della Sua attenzione.
Cordiali saluti.
Martina Esposito

[Invia]

1.* c.a = cortese attenzione   2.* u.s. = ultimo scorso   3.* c.v. = curriculum vitae

IO LAVORO E PENSO A TE...

1b Scrivi le espressioni formali usate per:

1. rivolgersi al responsabile _____
2. riferirsi a qualcosa che conosce chi scrive e chi legge _____
3. dire che si possono dare altre informazioni più dettagliate _____
4. dire quale/i documento/i si allega/allegano _____
5. dire che aspettiamo una risposta _____
6. ringraziare _____
7. salutare _____

2 Abbina le parti di frasi.

1. Questi stilisti hanno sempre idee originali e innovative. Sono ☐
2. Il tuo datore di lavoro ha fiducia in te. Sei davvero ☐
3. Voi avete conoscenze, esperienza necessaria e, dunque, ☐
4. Questo manager non si ferma nemmeno nella pausa pranzo. ☐
5. Noi siamo degli impiegati molto attenti e diligenti. ☐
6. Sono pronto ad aiutare i miei colleghi. Sono sempre ☐
7. Questa segretaria prende iniziative da sola, senza chiedere il permesso al suo direttore. ☐

a. *disponibile* a sostituirli in caso di necessità.
b. siamo *scrupolosi* e cerchiamo di non fare errori.
c. molto *creativi*.
d. una persona *affidabile*.
e. è una donna un po' troppo *intraprendente*.
f. siete *competenti* in questa materia.
g. è *instancabile*!

3 Se apriamo il dizionario, leggiamo:

> *stakanovista* - Chi dimostra un esagerato attaccamento al lavoro, o chi lavora con un'intensità esasperata.

Questa parola è comparsa nei primi anni del '900 quando, in Russia, è nato il movimento dello *Stakanovismo*, che aveva come scopo quello di aumentare la produttività, perciò i lavoratori non si fermavano mai. Come si potrebbe definire il lavoro di uno stakanovista, usando degli aggettivi dell'esercizio 2 Parte A? Perché?

Aggettivi: _____

Perché: _____

_____

Ora tocca a te!

1 *Compito*: In coppia: Redigete una lista con le cose che un impiegato deve fare e/o non fare mentre lavora, iniziando con le espressioni "Secondo me / A mio avviso, deve/non deve".

2 *Compito*: Rispondi alla seguente inserzione, seguendo la scaletta.

> Si cercano per periodo estivo di quattro mesi animatori per portare la nostra magia in villaggi, resort, family hotel e strutture turistiche! Si richiedono conoscenza di almeno una lingua straniera (preferibilmente, tedesco, russo, francese e inglese) e massima disponibilità a trasferirsi in strutture turistiche in Italia e all'estero. Colloqui e videocolloqui in tutta Italia.
> Se vuoi vivere questa esperienza, non perdere altro tempo e invia il tuo c.v. a Animaviaggi@gmail.it

scaletta

- scrivi dove hai letto l'inserzione
- comunica di essere interessato/a al lavoro e di avere le competenze richieste
- parla brevemente di te (quanti anni hai, che titoli hai) e delle precedenti esperienze lavorative
- riferisci che alleghi il tuo c.v. e che resti a disposizione per ulteriori chiarimenti
- spiega perché credi che ti dovrebbero assumere
- chiudi l'e-mail, ringrazi e saluti

IO LAVORO E PENSO A TE...

PER PARLARE

1 Usando il congiuntivo presente con le espressioni *è necessario che*, *occorre che*, *è bene che*, dite ciò che è importante per un impiegato in rapporto

- all'ambiente (luminoso, spazioso, ecc.)
- ai colleghi (collaborativi, disponibili, ecc.)
- al dirigente (rispetto, fiducia, sostegno, ecc.)
- al lavoro (interessante, sicuro, stabile, creativo, con possibilità di carriera, ecc.)
- allo stipendio (buono, soddisfacente, ecc.)

Cominciate così:
Secondo me, è necessario che un impiegato…

_____
_____
_____
_____
_____

2 Descrivete la foto.

Più scrivo 2 più parlo

PARLIAMO

3 In coppia - Oggi si sta sempre più diffondendo il telelavoro. Uno studente fa una lista dei *vantaggi* e l'altro degli *svantaggi* di questo nuovo modo di lavorare.

4 Rispondete alle domande.

1. Nel vostro Paese una donna ha le stesse opportunità di un uomo di trovare un lavoro e fare carriera? Se sì, in quali settori?
2. Quali professioni, secondo voi, saranno più richieste nel futuro?

5 Descrivete il lavoro che vi piacerebbe fare e quali sono le competenze necessarie.

6 Situazione.

Sei arrivato in ritardo al lavoro. Siccome non hai avvisato nessuno neanche con una telefonata, vai dal direttore per giustificarti. Cerca tra le seguenti la giustificazione che preferisci e continua.

- Dovevo andare in farmacia per comprare i medicinali per mia figlia. Ma la farmacia sotto casa era chiusa e…
- La lavatrice si è rotta e si è allagato il bagno e…
- Ho litigato con mia moglie che non voleva accompagnare i figli a scuola e…
- Siccome c'era sciopero, ho preso il primo autobus che ho visto, ma poi mi sono accorto che andava in una direzione sbagliata e…
- Non ho sentito la sveglia del cellulare perché era silenziato e…
- A causa della pioggia, tutti stamattina hanno preso la macchina e…

ESPRESSIONI UTILI

- Svolgere una mansione, un compito
- Acquisire esperienza
- Ambiente competitivo
- Fare carriera
- Il datore di lavoro
- Il selezionatore di impiegati
- Avere idee innovative
- Giornata lavorativa di 8 ore
- I sindacati hanno proclamato/indetto uno sciopero

Più scrivo 2 più parlo

8 livello B1

BASTA UN CLICK: AMICIZIE SUI SOCIAL

SCRIVIAMO
Interagire in internet, i pro e i contro della rete

PARLIAMO
Esprimere idee e preferenze sulle amicizie reali e virtuali

LESSICO
(la) rete, utente, profilo, connessione, interagire, visualizzazione, maleducato, malintenzionato, invadente, parole inglesi usate chattando (selfie, like, ecc.)...

FUNZIONI
scrivere un breve articolo sui pro e i contro delle amicizie virtuali, rispondere con un'e-mail a un amico virtuale per rifiutare un invito, convincere qualcuno dei pericoli della rete...

ESPRESSIONI
amicizia virtuale, creare un falso profilo, cancellare un contatto, condividere gioie e dolori, sito d'incontri...

Più scrivo 2 più parlo

 SCRIVIAMO

1 Rispondi.

1. Quali social network usi per:
   - cercare amici che hai perso di vista
   - interagire con gli amici
   - condividere fotografie e video
   - esprimere idee e preferenze
2. Quanti amici veri hai e quanti sui social network?
3. Quali di questi aggettivi useresti per definire un'amicizia "virtuale": autentica, eterna, profonda, intima, pericolosa, rara, solida, vera?
4. Come ti difendi da un'amicizia virtuale troppo "invadente"?

2 Abbina.

1. utente ☐
2. tutelarsi ☐
3. connessione ☐
4. il profilo ☐
5. visualizzazione ☐
6. interlocutore ☐

a. visione di dati o immagini
b. la persona con cui si parla
c. dati personali
d. proteggersi
e. chi fa uso di un servizio
f. linea

Parte A

1a Leggi quello che alcune persone hanno scritto su un forum. Sottolinea le parole che non conosci.

15/06/2023 09:10 pm

Il mondo di Internet avvicina molto le persone. Però bisogna stare con i piedi per terra, capire che si tratta di una semplice "conoscenza" e non di vera amicizia. Ricordati che basta un click per cancellare un amico virtuale dalla propria vita!

15/06/2023 09:15 pm

Ma stiamo scherzando? L'amicizia è una cosa seria. I rapporti virtuali non possono sostituire in nessun modo i rapporti veri. Molti sono malintenzionati e si inventano dei falsi profili per interagire con gli utenti della rete. Un amico virtuale può addirittura diventare un pericoloso stalker.

BASTA UN CLICK: AMICIZIE SUI SOCIAL

15/06/2023 09:25 pm

Perché no? Un tempo le persone si incontravano e discutevano in piazza, in un locale o in un bar. Oggi, dopo il lavoro, ci sentiamo stanchi e non abbiamo né voglia, né tempo di uscire. Qualche volta ci riusciamo il sabato e la domenica. Allora non sarebbe possibile comunicare con nessuno. Pensate che ho conosciuto mia moglie grazie a un sito d'incontri!

15/06/2023 09:40 pm

Beh, non parlerei di amicizia, ma di relazioni umane senz'altro. D'altra parte, nella nostra società un amico è come una pietra preziosa, difficile da trovare. Allora è davvero piacevole condividere idee e opinioni, anche se diverse dalle nostre, con altri utenti della rete.

15/06/2023 09:48 pm

Grazie ai social network ho ritrovato tanti amici con cui in passato abbiamo condiviso gioie e dolori. Ci eravamo totalmente persi di vista e oggi abbiamo l'opportunità di ritrovarci quando vogliamo, in qualunque ora del giorno e dovunque andiamo. Basta stare sempre connessi.

1b Riscrivi nei riquadri che seguono una lista dei pro e dei contro del trovare amici virtuali sui social, riportati nei testi che hai letto. Dopo, se vuoi, puoi anche aggiungerne altri.

pro	contro

Più scrivo più parlo 2

SCRIVIAMO

1c Completa la tabella, come nell'esempio.

verbo	nome/sostantivo
usare	uso
	conoscenza
ricordare	
	sostituzione
	interazione
comunicare	
	condivisione
connettersi	

1d L'espressione *stare con i piedi per terra* significa:

a. essere una persona realista che vede le cose come stanno.
b. cercare di trasformare la realtà se non è piacevole.

2 Forma contrari usando il prefisso bene/male.

1. maleducato _____
2. bendisposto _____
3. malvestito _____
4. benessere _____
5. benigno _____
6. benpensante _____
7. maledetto _____
8. malintenzionato _____

> **Attenzione!**
> Alcune volte bene e male perdono la *e* finale: benvisto / malvisto, altre volte invece la mantengono: benedice / maledice.

3 Completa le frasi con l'infinito o il congiuntivo presente del verbo corretto.

1. Ho paura di non _____ in tempo.
   Ho paura che voi non _____ in tempo.

2. Speriamo che Filippo _____ degli amici veri.
   Speriamo di _____ degli amici veri.

3. Pensi che Marino _____ stressato.
   Pensi di _____ stressato.

> **Attenzione:**
> Si usa l'*infinito* nella secondaria se il soggetto è lo stesso della frase reggente o principale.

BASTA UN CLICK: AMICIZIE SUI SOCIAL

4. Temi di _____ conoscere sui social dei malintenzionati.
Temi che i tuoi figli _____ conoscere sui social dei malintenzionati.

5. Pensate che i bambini stasera _____ con la nonna?
Pensate di _____ con la nonna?

6. A Raffaele piace _____ le sue opinioni sui social.
A me non piace che Caterina _____ le sue opinioni sui social.

4 **Trasforma come nell'esempio.**

Secondo me, tu non devi più offendere le persone sui social.
Penso che tu non debba più offendere le persone sui social.

1. Secondo me, l'amicizia è una cosa seria.
_____

2. Secondo me, i rapporti virtuali non possono sostituire i rapporti veri.
_____

3. Secondo me, è piacevole condividere idee e opinioni con altri utenti della rete.
_____

4. Secondo me, può diventare pericoloso incontrare un amico virtuale.
_____

5. Secondo me, molti malintenzionati si inventano dei falsi profili per interagire con gli utenti della rete.
_____

5a **Prova a spiegare in italiano il significato delle seguenti parole inglesi usate sui social.**

1. selfie   3. follower   5. emoticon   7. like   9. meme
2. account   4. post   6. influencer 8. app   10. share

1. _____
2. _____
3. _____
4. _____
5. _____
6. _____

7. _____
8. _____
9. _____
10. _____

5b In gruppi - Ogni gruppo riporta 3 parole inglesi che usa sui social e ne spiega il significato.

_____ _____ _____

Parte B

1a Leggi il testo e sottolinea le parole che non conosci.

> A:
> Cc:
> Oggetto:
>
> Gentile Sandro,
> sono davvero lusingata che tu mi voglia conoscere. Non è mia intenzione essere brusca, ma solo sincera, dicendoti che non sono mai andata e mai andrò ad un appuntamento con una persona conosciuta su internet.
> Devi sapere che tempo fa una mia collega ha avuto una brutta esperienza con un uomo che, da amico virtuale, aveva deciso di diventare un amico reale: la chiamava continuamente al cellulare, voleva sapere chi vedeva, dove andava… insomma era diventato un incubo. Non dico che tu sia come quell'uomo, ma io ho paura di incontrare degli sconosciuti e non sono interessata a niente di più che a un'amicizia virtuale tra noi.
> Spero che tu mi capisca.
> Ciao.
> Renata
>
> B I ≡ ≔ H % ⸱ {{}}   Invia

1b Vero o falso?

	V	F
1. Renata prova gioia per un invito inaspettato.	☐	☐
2. Non vuole essere sgarbata con nessuno.	☐	☐
3. Racconta a Sandro un avvenimento che le è capitato in passato.	☐	☐
4. L'incontro della sua amica non era stato ideale.	☐	☐
5. Quest'uomo era diventato un vero problema.	☐	☐
6. Renata minaccia Sandro di cancellarlo con un click, se non la lascia in pace.	☐	☐

BASTA UN CLICK: AMICIZIE SUI SOCIAL

1c Trova nel testo le seguenti parole e abbinale con il significato che hanno nel contesto.

1. lusingato ☐
2. incubo ☐
3. brusco ☐

a. una persona che dice qualcosa in modo diretto e un po' scortese.
b. chi prova piacere per un'azione (o una parola gentile) di qualcuno su di lui/lei.
c. (in senso figurato) una persona fastidiosa, persona opprimente.

2a I seguenti connettivi sono sinonimi (S) o contrari (C)?

1. perciò - per questo _____
2. né… né - sia… sia _____
3. allora - quindi (dunque) _____
4. infine - in conclusione _____
5. al contrario - invece _____
6. neanche (neppure, nemmeno) - anche _____
7. inoltre - poi (dopo) _____
8. nonostante (sebbene) - anche se _____
9. perché - affinché _____

2b Nelle seguenti frasi sottolinea il connettivo corretto.

> nonostante (sebbene) - anche se - perché - affinché

1. Darete gli esami, *sebbene / anche* se abbiate paura di non superarli.
2. Beatrice cerca il suo principe azzurro in un sito internet, *anche se / nonostante* sia pericoloso.
3. Emma cucina la sera *nonostante / anche se* lavora tutto il giorno.
4. Giorgio insiste *nonostante / affinché* Viola accetti il suo invito.
5. Non vieni neanche tu al meeting, *nonostante / anche se* la nostra presenza è necessaria?
6. Prendo l'ombrello *anche se / perché* piove.

Ora tocca a te!

1. *Compito:* Utilizzando la seguente scaletta, scrivi un breve articolo da pubblicare su una rivista social sui rapporti d'amicizia virtuali.

> *Introduzione:* Oggi Internet avvicina molto le persone e di conseguenza si discute molto delle amicizie virtuali.
>
> *Parte centrale o corpo:* Per questo motivo vorrei esaminare alcune opinioni su questo modo di fare amicizia in rete. Da una parte, infatti, ci sono i sostenitori e dall'altra, invece, i detrattori. I primi ritengono che… Gli altri, i detrattori, al contrario, sostengono che…
> Io (non) sono completamente d'accordo con… perché, secondo me, non è possibile dare una sola risposta a questo tema così delicato.
>
> *Conclusione:* Concludendo, penso che l'amicizia sia…

2. *Compito:* Sei appena arrivato a Firenze. Ti senti solo tra persone che non conosci e che parlano un'altra lingua. Pensi di contattare un amico virtuale, conosciuto su fb e che vive in quella città per chiedergli un appuntamento. Gli scrivi una breve e-mail per motivare gentilmente la tua proposta. Nella e-mail

   1. ti presenti brevemente
   2. spieghi i motivi per cui vuoi conoscerlo
   3. gli fissi un appuntamento

8 BASTA UN CLICK: AMICIZIE SUI SOCIAL

PER PARLARE

1a Scegliete la parola giusta per completare il riassunto di un film italiano che ha per protagonisti due amici, intitolato "Torno dietro e cambio vita".

Marco, 42 anni, ha una vita perfetta, una bella famiglia e (1) *un / l'*ottimo lavoro. Ma (2) *una giornata / un giorno* sua moglie Giulia (3) *gli / lo* confessa che ha un altro e lo lascia. Vicino a lui, per consolarlo, (4) *è / c'è* il suo amico di sempre Claudio (5) *che / chi*, come lui, ultimamente, a causa della madre alcolizzata, è continuamente preoccupato. I due cercano di tirarsi (6) *giù / su* a vicenda. Una sera, mentre stanno chiacchierando, una macchina (7) *le / li* investe e perdono i sensi. Quando si svegliano, (8) *ritrovano / si ritrovano* nel passato, sui banchi di scuola, e sono costretti (9) *di / a* rivivere i problemi tipici di quell'età: la paghetta, (10) *i / gli* orari, le interrogazioni e, per Marco, anche il primo incontro con Giulia…

1b Secondo voi, come finirà questa storia?

2 Avete visto qualche film o avete letto qualche libro che parla di amicizia? Quale? Raccontate.

3 Descrivete la foto.

Più scrivo più parlo 2

4 Rispondete.

1. Secondo voi, dedicare una giornata alla festa dell'abbraccio è utile o inutile? Motivate la vostra risposta.
2. Quando si è tristi, pensate che abbia un effetto più benefico l'abbraccio di un caro amico o discutere con un amico virtuale?
3. Quanto tempo dedicate ai vostri amici "veri" e quanto a quelli "virtuali"?

5 Situazioni.

1. Una tua amica ha conosciuto in rete un giovane bello che ha un profilo molto interessante e molti contatti. Convincila a non incontrare quest'uomo perché rischierebbe di fare un'esperienza pericolosa.

2. C'è una persona che ti piace su Facebook. Chiedi consiglio ad un amico per aiutarti a trovare un modo per incontrarla, dato che ti sembra la tua anima gemella.

ESPRESSIONI UTILI

- Sostenitore # detrattore
- Consolare un amico
- Tirarsi su
- Aiutarsi a vicenda
- Condividere gioie e dolori
- Amico di sempre / del cuore
- Fidarsi di un amico

Più scrivo 2
più parlo

9

livello B1

BUON APPETITO!

○ **SCRIVIAMO**
Scrivere o chiedere una ricetta

○ **PARLIAMO**
Discutere di diete e alimentazione

○ **LESSICO**
surgelato, scatolame, condimento, tritare, sbucciare, assaggiare, (gli) utensili (mezzaluna, apriscatole, ecc), ricetta, ingrediente, padella, dolce, amaro, croccante, vegano…

○ **FUNZIONI**
riportare una ricetta, scrivere un'e-mail per ringraziare dell'ospitalità e chiedere una ricetta, dare consigli per dimagrire…

○ **ESPRESSIONI**
la spesa alimentare, prodotti biologici, bibite gassate, filetto di pomodoro, scolare la pasta, pasta al dente, erbe aromatiche…

Più scrivo più parlo 2

SCRIVIAMO

① **Abbina le seguenti parole alle immagini.**

surgelati - scatolame - prodotti biologici - sottaceti e sottoli - bibite gassate - formaggi e salumi - merendine - pasta fresca - condimenti

1. _surgelati_

2. _____

3. _____

4. _____

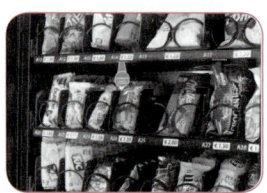

5. _____

6. _____

7. _____

8. _____

9. _____

② **Di solito dove fai la spesa? Completa le seguenti frasi con la parola adatta che sceglierai da quelle del riquadro.**

risparmiare - rapporto - pubblicità - alimentari - fretta - stagione

Quando voglio fare la spesa...

1. compro dove capita perché ho sempre _____.
2. vado al supermercato e acquisto lì tutti i prodotti per _____ tempo e denaro.
3. acquisto sempre al mercato rionale frutta e verdura fresca di _____.
4. scelgo un prodotto in base al _____ qualità e prezzo.
5. non vado mai al supermercato, ma preferisco acquistare in vari negozi di _____.
6. mi lascio influenzare dalla _____ e compro solo prodotti di marca.

BUON APPETITO!

3a Guarda le immagini con gli utensili da cucina e poi sottolinea il verbo corretto per completare le frasi, come nell'esempio

il mattarello serve per a. stendere b. sbucciare la pizza

colapasta — mestolo — frusta — grattugia
mezzaluna — coltello — griglia — padella

1. Il colapasta serve per   a. *scolare*   b. *tritare*   la pasta.
2. Il mestolo serve per   a. *grattugiare*   b. *mescolare*   gli ingredienti.
3. La frusta serve per   a. *stappare*   b. *sbattere*   le uova.
4. La grattugia serve per   a. *grattugiare*   b. *stendere*   il formaggio.
5. La padella serve per   a. *mescolare*   b. *friggere*   le patate.
6. La mezzaluna serve per   a. *tritare*   b. *stappare*   la cipolla.
7. Il coltello serve per   a. *stendere*   b. *sbucciare*   la mela
8. La griglia serve per   a. *scolare*   b. *grigliare*   la carne o il pesce.

3b Unisci correttamente le due parti e saprai come si chiamano degli utensili necessari in cucina.

la mezza → luna = la mezzaluna

1. l'apri
2. il cava
3. lo spremi
4. il trita
5. il cola
6. lo schiaccia
7. la mezza
8. il passa

a. tappi
b. carne
c. pasta
d. agrumi
e. luna
f. scatole
g. verdure
h. noci

1. _____
2. _____
3. _____
4. _____
5. _____
6. _____
7. _____
8. _____

Parte A

1a Leggi la ricetta e sottolinea le parole che non conosci.

Spaghetti con salsa al filetto* di pomodoro

Ingredienti (per 4 persone):

✓ 350/400 gr. spaghetti
✓ 1 conserva di filetto di pomodoro San Marzano
✓ 2 spicchi d'aglio
✓ 1 mazzetto di basilico fresco
✓ olio extravergine di oliva
✓ sale

*filetto di pomodoro: pomodori lunghi tagliati a spicchi

aglio

basilico

- Mettete in una padella 3 cucchiai di olio.
- Quando l'olio sarà ben caldo, mettete l'aglio sbucciato, soffriggetelo fino a quando sarà diventato dorato e poi toglietelo.
- Versate in padella i pomodori e lasciateli cuocere per circa 5 minuti, mescolando con un mestolo di legno.
- Aggiungete un pizzico di sale e assaggiate per vedere se basta.
- Solo quando avrete spento il fuoco, unite alla salsa il basilico fresco.

Nel frattempo
- In una pentola grande mettete a bollire l'acqua con un po' di sale.
- Quando l'acqua bollirà, mettete gli spaghetti e cuoceteli.
- Appena gli spaghetti saranno al dente, scolateli.

Infine
- Versate gli spaghetti in un recipiente.
- Aggiungete il sugo, mescolate e servite.

BUON APPETITO!

1b Scrivi nel giusto riquadro gli elementi della ricetta.

utensili	ingredienti	azioni

2a Leggi le frasi e sottolinea il verbo al futuro anteriore.

1. Marcella oggi è triste. Forse avrà litigato con suo marito.
2. Ti parlerò solo quando mi avrai chiesto scusa.
3. Fabio doveva essere qui da mezz'ora. Forse avrà perso l'autobus.
4. Quando avrete fatto tutti i compiti, potrete giocare.
5. Fiorella ha un forte dolore al braccio. Forse sarà caduta dalla bicicletta.
6. I miei amici andranno in vacanza, dopo che avranno finito di pagare il mutuo.

Attenzione:
Il *futuro anteriore* si usa per:
- esprimere un'azione futura che precede un'altra al futuro semplice.
- un'incertezza nel passato.

2b Completa le frasi con il verbo al futuro anteriore.

1. Secondo me, Raffaele a quest'ora _____ (arrivare).
2. Appena i ragazzi _____ (finire) di studiare, usciranno.
3. Quando io _____ (laurearsi), andrò all'estero.
4. Dopo che _____ (leggere) il libro, lo commenterai?
5. Ritorneremo a casa dopo che _____ (fare) una passeggiata.
6. _____ (essere) le quattro di notte quando i ladri sono entrati nell'appartamento.
7. Mangerete quando _____ (cucinare).
8. Prima di prendere queste medicine, forse Ava _____ (consultare) un medico.

Più scrivo più parlo 2

SCRIVIAMO

3 Abbina le parole alla definizione corretta.

1. osteria
2. ricettario
3. enologia
4. assaggiatore
5. vegano

a. la disciplina che si occupa del vino.
b. chi per professione gusta una piccola quantità di cibo o vino per controllarne la qualità.
c. locale dove si servono cibi e vino in maniera informale, alla buona.
d. libro che raccoglie varie ricette.
e. chi elimina dalla sua alimentazione tutti i prodotti e i derivati di origine animale e si nutre solo di alimenti vegetali.

4 Completa le frasi con i seguenti indicatori temporali:

nel frattempo - intanto - mentre

1. _____ scaldate il forno.
2. _____ preparate il sugo, mettete a bollire l'acqua.
3. _____ cucini, io metto la tovaglia sulla tavola.
4. Fate cuocere l'arrosto. _____ tagliate le patate.
5. _____ sorseggiamo il tuo caffè, possiamo discutere del programma della giornata.

Parte B

1a Leggi l'e-mail che Giorgio ha scritto a una famiglia italiana che lo ha ospitato e sottolinea le parole che non conosci.

A:
Cc:
Oggetto:

Gentili signori Sara e Paolo,
innanzitutto vorrei ringraziarvi della vostra ospitalità e del vostro aiuto. Ricordo il primo giorno in cui sono arrivato a casa vostra. Mi avete accolto con tanto entusiasmo e piano piano ho superato la mia timidezza e ho comunicato con voi con le poche frasi in italiano che conoscevo. Per non parlare dei gustosi piatti che mamma Sara mi cucinava. A questo proposito, gentile signora, vorrei chiederle un favore: potrebbe darmi la ricetta dei suoi famosi biscottini, dei croccanti "giglietti" che preparava a colazione? Ci vuole molto tempo per prepararli?
Spero tanto che l'estate prossima ci potremo rivedere e trascorrere insieme delle belle giornate. Intanto vi saluto con affetto.
Giorgio

Invia

BUON APPETITO!

1b **Individua le affermazioni presenti nel testo.**
1. Giorgio ha conosciuto i signori Rossi a Roma. ☐
2. I signori Rossi l'hanno ospitato perché era uno studente. ☐
3. I signori Rossi avevano un figlio. ☐
4. Giorgio non conosceva bene la lingua italiana. ☐
5. La signora Sara preparava per il suo ospite dei piatti squisiti. ☐
6. Giorgio chiede a Sara una ricetta. ☐

2 **Sottolinea l'opzione corretta, come nell'esempio.**

Quanto tempo <u>ci vuole</u> / ci vogliono per preparare questa torta?

1. Per fare la carbonara non *serve / occorrono* la panna.
2. *Ci vuole / ci vogliono* tanti utensili per cucinare.
3. Questa frittata è insipida: ci *vuole / servono* un po' di sale.
4. Per preparare questo risotto *occorre / occorrono* dei funghi.
5. Al corso di cucina abbiamo imparato che *occorrono / ci vuole* alcune spezie per rendere più gustoso il cibo.
6. *Servono / occorre* almeno sei uova per fare l'impasto delle tagliatelle.
7. Per fare il pesto *ci vogliono / serve* un utensile particolare che si chiama mortaio.

> **!** Attenzione:
> ci vuole / occorre / serve + nome singolare
> ci vogliono / occorrono / servono + nome plurale

3 **Abbina gli aggettivi contrari.**

1. dolce ☐
2. gustoso ☐
3. salato ☐
4. secco ☐
5. cremoso ☐
6. croccante [d]

a. liquido
b. insipido
c. fresco
d. morbido
e. disgustoso
f. amaro

Più scrivo 2
più parlo

SCRIVIAMO

4 Sottolinea la parola che "contiene" le altre, come nell'esempio.

coltello, cucchiaio, cucchiaino, forchetta, <u>posate</u>

1. banana, frutta, arancia, albicocca, pesca
2. tostapane, friggitrice, piccoli elettrodomestici, spremiagrumi, frullatore
3. peperoni, cavolo, verdure, melenzane, zucchine
4. pentola, casseruola, batteria, padella, colapasta
5. rosmarino, prezzemolo, erbe aromatiche, basilico, menta
6. spezie, paprica, pepe, noce moscata, zafferano

Ora tocca a te!

1 *Compito:* **Trova in internet una ricetta di un dolce tipico del tuo Paese. Scrivi il nome della ricetta, fa' una lista in italiano degli ingredienti, degli utensili che occorrono e delle azioni necessarie per realizzarla. (Se non conosci tutte le parole, usa il vocabolario).**

2 *Compito:* **Una tua amica ti ha ospitato in Italia durante le vacanze. Seguendo la scaletta, le scrivi un' e-mail per ringraziarla dell'ospitalità e delle belle giornate trascorse insieme. Infine, le chiedi la ricetta di un piatto o di un dolce italiano che hai mangiato a casa sua e ti è piaciuto molto.**

scaletta
- ringrazia la tua amica per l'ospitalità
- riferisci alcuni ricordi delle giornate trascorse insieme
- chiedile la ricetta di un piatto che hai mangiato da lei e ti è piaciuto molto

PER PARLARE

1 **Leggete il testo ad alta voce, completandolo con la parola corretta tra le tre indicate.**

Cioccolato, che passione!

Quando piove e fa freddo c'è la cioccolata calda, d'estate un _____ (1) gelato al cioccolato. Il cioccolato, fondente, bianco, o al latte, piace _____ (2) italiani e piace molto. Secondo _____ (3) recente sondaggio, un italiano _____ (4) cinque lo mangia tutti i giorni. Particolarmente le donne consumano questo _____ (5), anche se vivono questa passione

BUON APPETITO!

come un peccato, perché hanno paura _____ (6) ingrassare.
Ma il cioccolato _____ (7) bene? Numerosi sono gli studi che _____ (8) confermano: il cioccolato aiuta l'attività fisica e intellettuale e soprattutto ha _____ (9) positivi sull'umore. Per questo ogni anno a Perugia e anche in molte città _____ (10) si svolge il *Festival del cioccolato*, una festa per grandi e bambini. E voi mangiate regolarmente questa delizia?

	A	B	C
1.	bello	bel	bell'
2.	ai	a	agli
3.	un	un'	uno
4.	su	sui	sugli
5.	alimentare	alimento	alimentazione
6.	con	da	di
7.	fa	sta	dà
8.	li	la	lo
9.	conseguenze	effetti	cause
10.	italiana	italiani	italiane

2 **Descrivete la foto e poi dite se seguite anche voi, o se qualcuno che conoscete segue, dei programmi televisivi di cucina (quali e perché).**

3 **Rispondete.**

1. Siete golosi/e di qualche alimento?
   Qual è, invece, un cibo o un piatto del vostro Paese che detestate?
2. In casa vostra chi cucina? Perché?
3. Mangiate mai nei fast-food? Secondo voi, lì il cibo è sano o pieno di grassi?
4. Che ne pensate dei vari tipi di cucina (mediterranea, vegetariana o vegana)?

Più scrivo 2 più parlo

PARLIAMO

④ Raccontate un ricordo piacevole legato ad un avvenimento festeggiato in un ristorante.

⑤ Giochiamo.

Un proverbio dice quando sei in un determinato posto "non si invecchia mai". Se vuoi sapere dove, metti in sequenza le lettere alle parole del quiz indicate con il simbolo ⌂.

1. Come si chiama la persona che non mangia carne? V _ G _ ⌂ _ R _ _ _ A
2. Che cosa si prepara con il caffè e il latte? _ ⌂ _ P _ C _ I _ O
3. Che si beve in un'enoteca? ⌂ _ N _
4. Qual è il contrario di morbido? C _ ⌂ _ C A _ T _
5. Che cosa è il mestolo? U _ E N _ I ⌂ E
6. Che cosa ha chi vuol mangiare? F ⌂ M _

> A _ _ _ _ _ _ _ non si invecchia mai.

⑥ Situazione.

La tua nuova collega ti confessa che sta attraversando un periodo difficile. Ti dice che salta i pasti o mangia disordinatamente e che la sera davanti alla tv mangia molti biscotti e beve un bicchiere di cognac. Così in poco tempo è ingrassata e non sa come perdere i dieci chili che ha preso. Tu le consigli una dieta per dimagrire, suggerendole le cose da fare (bere molta acqua, camminare, mangiare verdura, ecc.) e quelle da evitare (non saltare la colazione, non mangiare dolci, non bere alcolici, ecc.).

ESPRESSIONI UTILI

- Secondo un recente sondaggio
- Essere goloso/a di
- Andare pazzo/a per
- Consumare un alimento
- Ingrassare VS dimagrire
- Teglia
- Una ricetta regionale
- Cibo sano e nutriente
- Perdere le calorie
- Saltare i pasti
- Degustazione
- "Chef" in italiano si dice "cuoco"

VOLONTARIATO

10
livello B1

SCRIVIAMO
Riassumere un breve saggio, scrivere un'e-mail ad un'associazione di volontariato

PARLIAMO
Discutere di volontariato e di solidarietà

○ **LESSICO**

volontario, disabile, barbone, solidarietà, altruismo, disponibile, generoso, gratuito, contribuire, assistere…

○ **FUNZIONI**

riassumere un breve saggio, scrivere un'e-mail a un'associazione di volontariato per chiedere informazioni dettagliate, invitare qualcuno a partecipare ad un'iniziativa di volontariato all'estero…

○ **ESPRESSIONI**

protezione civile, beni ambientali, beni culturali, (il/i) senzatetto, prestare assistenza ai minori, dare una mano, prestare un servizio, associazione no-profit, prendersi cura (di), svolgere una mansione, periodo di prova…

Più scrivo più parlo 2

1 A favore di chi / di che cosa si impegnano i volontari? Abbina le seguenti parole alle immagini. (Attenzione ne mancano due!)

> disabili - senzatetto/barbone - immigrati - malati - detenuti (carcerati) - protezione animali - beni ambientali - ~~protezione civile~~ - assistenza ai minori - beni culturali - anziani

1. _protezione civile_   2. _____   3. _____

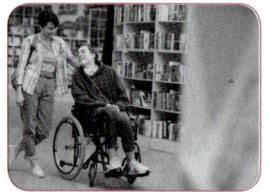

4. _____   5. _____   6. _____

7. _____   8. _____   9. _____

2a Scrivi l'aggettivo che deriva dal nome, come nell'esempio.

solidarietà → _solidale_

1. sensibilità → _____
2. generosità → _____
3. indifferenza → _____
4. disponibilità → _____
5. bisogno → _____
6. interesse → _____
7. utilità → _____
8. coraggio → _____

VOLONTARIATO

2b Scrivi il verbo che deriva dal nome, come nell'esempio.

donazione → donare

1. offerta → _____
2. assistenza → _____
3. aiuto → _____
4. sostegno → _____
5. impegno → _____
6. sacrificio → _____
7. accoglienza → _____
8. protezione → _____

Parte A

1a Leggi il testo e sottolinea le parole che non conosci.

Il volontariato è un'attività gratuita che alcuni svolgono contribuendo al benessere della società.
Sono uomini e donne generosi, in maggioranza studenti, giovani laureati, o anche impiegati e pensionati, disposti a donare il loro tempo libero per sentirsi utili dando un contributo alla difesa del territorio, dell'ambiente, degli animali e soprattutto alle categorie umane più deboli: senzatetto, migranti, bambini abbandonati, malati, donne in difficoltà e anziani soli.
Il numero di queste persone di anno in anno cresce a tal punto che si parla di un "esercito" di volontari italiani, mentre le associazioni no-profit, cioè senza fini di lucro, che operano sul territorio nazionale e di cui i volontari fanno parte, ormai non si contano più.
Perché tanti vogliono fare un'esperienza di volontariato? Secondo alcuni perché lo Stato non risponde ai mille bisogni della società e i volontari per altruismo e solidarietà vogliono dare una mano a chi soffre, secondo altri in quanto anche il volontario ne trae un beneficio, sviluppando il senso di appartenenza ad un gruppo e di fiducia verso gli altri, aspetti ormai poco diffusi nella società contemporanea. Comunque stiano le cose, questa è l'Italia che ci piace: l'Italia dei buoni che lavora gratis per assistere i meno fortunati in cambio di un sorriso.

1b Rispondi alle domande.

1. Che cos'è il volontariato?
2. Qual è il profilo del volontario italiano?
3. Sono molte le associazioni di volontari in Italia?
4. Perché tanti vogliono fare questa esperienza?

1c Abbina le espressioni a sinistra con il significato nella colonna a destra.

1. non si contano più
2. dare una mano
3. senza fini di lucro
4. comunque stiano le cose

a. in ogni modo
b. non avere come obiettivo il guadagno
c. sono numerose
d. aiutare

2 Sottolinea il pronome relativo "che" e "cui" corretto.

1. Il ragazzo *che/cui* abbiamo salutato si chiama Giacomo.
2. Le associazioni di *che/cui* questi volontari fanno parte si trovano nel Sud Italia.
3. Gli studenti a *che/cui* abbiamo prestato gli appunti sono simpatici.
4. Gli stranieri *che/cui* visitano Firenze desiderano vedere La *Galleria degli Uffizi*.
5. Non capisco il motivo per *che/cui* non verrai alla gita.
6. Questo è l'appartamento in *che/cui* abitiamo.
7. L'auto *che/cui* ho comprato è rossa.

! Attenzione: le preposizioni si possono mettere solo davanti al relativo "cui".

Parte B

1a Alcune persone hanno scritto sul forum *milano.cvs.it.* le loro esperienze come volontari. Leggi e sottolinea le parole che non conosci.

02/09/2023 11:05 pm

Bianca
avvocato
★ ★ ★
Joined: 3 weeks ago
Posts: 70

La mia esperienza con i bimbi dell'Associazione Centro aiuti minorile è iniziata nel 2014. Ognuno di loro ha una storia diversa, ma tutti desiderano essere accettati per quello che sono. Appena posso li porto "fuori", perchè ho capito che hanno la necessità di fare cose come quelle che tutti gli altri bambini fanno. Sono molto contenta del tempo che dedico a questi bambini! È un po' del mio tempo migliore e glielo offro con tutto il cuore.

VOLONTARIATO

10

02/09/2023 11:25 pm

Fabrizio
studente

★ ★ ★

Joined: 4 weeks ago
Posts: 90

Ho incontrato persone davvero meravigliose che lavorano in un'organizzazione no-profit che si prende cura degli anziani. Questa esperienza mi ha aiutato ad apprezzare di più ciò che i miei genitori e i miei nonni hanno fatto per me e a capire che solo un po' di amore può fare la differenza. È importante condividere con gli anziani esperienze, ascoltarli e aiutarli a non dimenticare. Alla fine, sono diventata una persona diversa e ve lo confesso.

02/09/2023 12:00 pm

Giulia
parrucchiera

★ ★ ★

Joined: 3 weeks ago
Posts: 65

Sono volontaria del canile da tanti anni e non rinuncerei mai a questa splendida attività. Il perché ve lo dico subito. I cani mi donano affetto e me lo offrono senza chiedere nulla in cambio. Non vedo l'ora che arrivi il pomeriggio per andare in canile. Ho un appuntamento da non perdere che mi arricchisce e mi riempie di felicità e soddisfazioni.

1b Completa la griglia.

	professione	attività di volontariato	sentimento che prova
1. **Bianca**			
2. **Fabrizio**			
3. **Giulia**			

2a Sottolinea la parola corretta nell'e-mail che un'aspirante volontaria ha scritto dopo aver letto il seguente annuncio.

Se vuoi fare volontariato, leggi le esperienze che sono state raccontate da alcune persone sul nostro portale *milano.cvs.it.* e dopo invia una e-mail a *info@cvs.it*

A:
Cc:
Oggetto:

Al responsabile del reclutamento volontari

Mi (**1**) *chiamo/chiama* Franca Valeri e sono una giovane (**2**) *di/da* 19 anni. Ho letto sul vostro sito le testimonianze dei tre volontari che avete pubblicato e mi ha (**3**) *particolare/*

Più scrivo più parlo 2

particolarmente colpito quella di Bianca. Sono molto interessata a far parte anch'io dei volontari *Centro minori* perché sono una maestra d'asilo in attesa di lavoro e (**4**) *desidererò/desidererei* fare la mia prima esperienza lavorativa presso la vostra associazione. Sono una persona (**5**) *molta/molto* paziente, attenta e scrupolosa.

Mi (**6**) *piacerei/piacerebbe* intrattenere soprattutto i bambini in età prescolare dentro la vostra struttura: potrei (**7**) *leggerli/leggergli* favole o insegnargli a usare i colori, i numeri, le lettere o anche a fare giochi da tavolo in gruppo. Sarei disposta anche (**8**) *di/a* portarli al parco per una passeggiata o in palestra per praticare uno sport. Pertanto, vorrei sapere se, non avendo esperienza, sarei obbligata a seguire (**9**) *qualche/qualcuno* tirocinio presso la vostra sede e se potrei svolgere due volte alla settimana (**10**) *i/le* mansioni riferite in precedenza, ma (**11**) *spesso/sempre* nel pomeriggio dalle 16.00 alle 19.00, naturalmente senza compenso.

Potete (**12**) *contattarmi/mi contattare* a qualunque ora sul mio cellulare al numero 3977672301.

In attesa di un vostro riscontro, vi porgo distinti saluti.
F. V.

2b Completa la risposta che ha mandato il responsabile reclutamento volontari con le parole del riquadro.

> un - la - strutture - ogni - cordiali - del - circa - in - attività - colloquio

Gentile signora Franca Valeri,

La ringraziamo _____ (1) Suo interessamento per le _____ (2) del *Centro minori*. La informiamo che _____ (3) volontario deve effettuare _____ (4) periodo di prova di _____ (5) tre mesi all'interno delle nostre _____ (6) affiancato da un tutor. Per ulteriori informazioni _____ (7) invitiamo a presentarsi nei ns uffici _____ (8) piazza Castello 3 venerdì alle 16.00 per un _____ (9) in sede.

_____ (10) saluti.

Il responsabile reclutamento volontari
Mario Rosato

VOLONTARIATO

3a Completa la tabella con i pronomi combinati, come nell'esempio.

1	a me + il gelato	Me lo compra
2	a te + la borsa	_____ compra
3	a Lei + il libro	_____ compra
4	a noi + riviste	_____ compra molte
5	a loro + i quaderni	_____ compra
6	a Viola + l'agenda	_____ compra
7	a Stefano + il regalo	_____ compra
8	a voi + cellulari	_____ compra due
9	agli amici + vino	_____ compra una bottiglia
10	A Lei + i pennarelli	_____ compra tutti

3b Sottolinea i pronomi combinati e spiega che cosa sostituiscono, segui l'esempio. Poi, osserva la vocale finale del participio. Secondo te, perché cambia?

1. Siccome non avevi i soldi, *te li* ho prestati io.
2. Se vuole un caffè, signora, glielo offro io.
3. Mi piace il cognac e ieri sera Maria me ne ha dato un bicchierino.
4. Sandra non è venuta perché i suoi impegni non gliel'hanno permesso.
5. Se noi volevamo la pizza, la nonna ce la preparava.
6. Se vi siete dimenticati la borsa, ve la portiamo.
7. Se gli studenti non capiscono una regola, il professore gliela ripete.
8. Renato ha visto la commedia e te l'ha raccontata.
9. Volevi delle riviste e noi te ne abbiamo comprate due.
10. Dottore, se non ha le sigarette, gliene posso offrire una io.

1. *TE LI (a te – i soldi)*
2. _____
3. _____
4. _____
5. _____
6. _____
7. _____
8. _____
9. _____
10. _____

Regola della vocale finale del participio: _____
_____

3c Completa le frasi con i pronomi combinati. (Attenzione all'accordo del participio!)

1. Gli studenti non avevano capito i pronomi e il professore _____ ha spiegat_____ di nuovo.
2. Ho prestato a Francesca la mia collana preferita, ma lei non _____ ha più restituit_____.
3. Per il tuo compleanno hai chiesto a Marco un orologio, ma lui non _____ ha regalat_____.
4. Volevamo dei biscotti e nostra madre _____ ha preparat_____ molti.
5. Avete comprato delle medicine al nonno e _____ avete portat_____.
6. I bambini desideravano sentire delle storie e noi _____ abbiamo raccontat_____ due.

4 Metti una X vicino alle coppie di parole che sono sinonimi.

1. minore — bambino ☐
2. iniziato — terminato ☐
3. diverso — uguale ☐
4. accettato — rifiutato ☐
5. fuori — dentro ☐
6. migliore — peggiore ☐
7. davvero — veramente ☐
8. meraviglioso — splendido ☐
9. dimenticare — ricordare ☐
10. alla fine — all'inizio ☐
11. qualunque — qualsiasi ☐
12. effettuare — fare ☐

Ora tocca a te!

1 *Compito:* Seguendo la scaletta, riassumi il primo testo che hai letto. Deve rimanere un testo di circa 70-80 parole.

> **scaletta**
> - cos'è il volontariato
> - chi e quanti sono i volontari
> - di che cosa si occupano
> - perché tanti fanno quest'attività

VOLONTARIATO

② *Compito:* Sei molto interessato/a a fare un'esperienza di volontariato. Come Bianca, decidi di mandare anche tu un'e-mail al responsabile del reclutamento volontari dell'associazione milanese per chiedere di far parte dell'associazione *Protezione animali*. Segui la scaletta.

> **scaletta**
>
> - esponi le ragioni per le quali vorresti fare l'esperienza di Bianca
> - riferisci le tue capacità e quello che sei disposto a fare
> - dai informazioni sui giorni e orari in cui sei disponibile
> - chiedi se si prevede un tirocinio in sede

PER PARLARE

① **Parlando un tuo amico ha fatto degli errori. Correggiglieli e spiegagli perché sono errori.**

L'altruismo è il amore per il prossimo, senza secondo fini.

Altruismo significhe partecipazione attiva alla risoluzione di probleme, difficoltà, necessitè di altri per aiutarli di raggiungere un po' di benessere.

A Italia ci sono cinque milioni e mezzo di persone che fa volontariato, quasi uno italiano su cinque.

Questo vuol dire che i italiani in maggioranza sono altruista: un esercito di brava genta!

② **Descrivete l'immagine.**

Più scrivo 2 più parlo

PARLIAMO

3 Rispondete.

1. Questo manifesto vi ha convinto a diventare volontari? Motivate la vostra risposta.
2. Quale immagine e slogan, secondo voi, sarebbero efficaci per spingere i giovani a diventare volontari?
3. Nel vostro Paese il volontariato è diffuso e organizzato?
4. Descrivete il profilo del vostro "volontario ideale" (età, sesso, occupazione, ecc.)
5. Avete mai fatto un'esperienza di volontariato? Raccontate. (Se no, dite la ragione e a quale associazione di volontariato vorreste partecipare).
6. Secondo voi, lo Stato fa abbastanza per aiutare le persone in difficoltà? Motivate la vostra opinione.

4 Situazione.

Subito dopo la laurea, hai deciso di vivere in prima persona l'emozione di uno scavo archeologico professionale, ma alla portata di tutti, partecipando allo stage internazionale d'archeologia in un sito nei pressi di Roma. Ma non vorresti andarci da solo. Convinci a venire con te un collega che, come te, si è appena laureato (gli puoi dire che ci sono tanti volontari di tutte le età e provenienti da tutto il mondo, che sarete guidati da archeologi esperti, che potrete imparare le basi del mestiere, divertirvi, socializzare, ecc.).

ESPRESSIONI UTILI

- Amare il prossimo
- Un esercito di persone
- Contribuire al benessere sociale
- Assistere gli emarginati
- Altruismo VS egoismo
- Altruista VS egoista
- Una persona in difficoltà/bisognosa
- Associazione senza scopo di lucro/no-profit
- Fare una raccolta fondi per…
- Solidarietà

LUOGHI COMUNI E PREGIUDIZI

livello B2 — 11

✍ SCRIVIAMO
Riferire pregi e difetti di un popolo e spiegare come confutare stereotipi

🗣 PARLIAMO
Discutere delle caratteristiche degli italiani e dei propri concittadini

- **LESSICO**

    pigro, ospitale, buongustaio, immaturo, individualista, furbo, gesto, stereotipo, pregiudizio, definire...

- **FUNZIONI**

    ricavare informazioni da un testo, confutare luoghi comuni, comprendere il testo di una canzone...

- **ESPRESSIONI**

    parlare con le mani, che ci posso fare?, curare il proprio aspetto, fare squadra, senso civico, attribuire una caratteristica, pregi e difetti...

Più scrivo 2 più parlo

SCRIVIAMO

1a Abbina gli aggettivi al significato corrispondente.

1. pigro   a. che ama il cibo buono
2. chiacchierone b. che cambia facilmente opinione e gusti
3. buongustaio   c. che non approfondisce
4. individualista d. che accoglie con piacere gli ospiti
5. volubile   e. che teme di perdere la persona amata
6. ospitale   f. che non è maturo per la sua età
7. geloso   g. che pensa solo al suo interesse
8. immaturo   h. che parla molto
9. ipocrita   i. che pensa una cosa e ne dice un'altra
10. superficiale l. evita di lavorare o stancarsi

1b Esprimi la tua opinione sugli italiani e, il modello proposto e aiutandoti con gli aggettivi dell'attività precedente, motiva il tuo punto di vista.

Credo che gli italiani siano/non siano _____ perché _____
_____.

2 Gli italiani parlano con la bocca e insieme "con le mani". Completate le frasi con le espressioni del riquadro e mimatele come farebbe un italiano, seguendo le istruzioni in corsivo.

> 1. Che ci posso fare!? Purtroppo è andata così!
> 2. Non me ne frega niente di quel che succederà!
> 3. Ma che stai dicendo!
> 4. Fermati! Adesso basta!

a. Marco era molto arrabbiato con la sua ragazza che l'accusava di essersi innamorato di un'altra e, *muovendo la mano sopra e sotto con le dita unite*, ha esclamato:

b. Mattia, *muovendo avanti e indietro il palmo della mano* verso sua madre che gli fa mille domande, esclama:

c. Un giocatore credeva di vincere una gara di corsa, ma non ci è riuscito. Per giustificarsi con i suoi fans, *alzando le spalle e mostrando dispiacere con la bocca*, ha esclamato:

d. Serena, *facendo scivolare la mano sinistra sotto il mento*, comunica alla sua amica che non le importa delle conseguenze della sua decisione, esclamando:

LUOGHI COMUNI E PREGIUDIZI 11

Parte A

1a Leggi l'articolo che parla di luoghi comuni sugli italiani e poi sottolinea le caratteristiche individuate dall'autore.

Cara Europa, impara da noi

Siamo chiacchieroni. Vero. Aggiungerei: pessimi ascoltatori, interessati soltanto al suono della propria voce.

Di bell'aspetto e maniaci della moda. Il calzino bianco da noi è perseguito per legge, specie quando è indossato sotto un sandalo.

Sul latin lover, mi dispiace dirvi che vi sbagliate. E anche sul fatto che nessuno paga le tasse. I dipendenti e i pensionati le pagano. Non per senso civico, ma per mancanza di alternative. Noi non abbiamo il senso dello Stato. La comunità finisce davanti alla porta di casa.

Individualisti? In realtà sappiamo fare squadra solo in condizioni di emergenza. Non siamo coraggiosi, ma furbi. Moralmente ipocriti? La cultura cattolica ci rende tolleranti verso il peccato, specialmente se siamo noi a commetterlo.

(adattato da un articolo di M. Gramellini, www.lastampa.it)

1b Distribuisci i pro e i contro nei riquadri e dopo considera se lo scrittore abbia dato un'immagine positiva o negativa degli italiani. Motiva la tua risposta.

pro	contro

_____
_____
_____
_____

1c Ricostruisci le frasi, divise in due parti.

1. Gli italiani sono maniaci della moda e
2. Parlano molto ma
3. Non è vero che in Italia nessuno
4. È un luogo comune sostenere che
5. Sono tolleranti verso il peccato se
6. In genere non pensano al bene degli altri e

a. sono individualisti.
b. sono loro a commetterlo.
c. paga le tasse.
d. siano dei latin lover.
e. ascoltano poco.
f. curano molto il loro aspetto.

1d Abbina le seguenti espressioni al loro significato.

1. *perseguito per legge*
2. *fare squadra*
3. *senso civico*

a. agire insieme ad altri, avendo gli stessi obiettivi del gruppo a cui si appartiene.
b. che viene condannato dal Codice civile o penale.
c. insieme di comportamenti e atteggiamenti di rispetto delle regole della comunità a cui si appartiene.

Parte B

1a Leggi il seguente post sul blog di *Aline P.*

> Che gli italiani siano eleganti, creativi, generosi ma pure furbi, individualisti e chiacchieroni, è un'idea molto diffusa, che si basa, tuttavia, su luoghi comuni o stereotipi. Che cos'è un luogo comune? Si tratta di un modo schematico di definire un gruppo sociale o un intero popolo, attribuendogli delle caratteristiche positive o negative. Per esempio, si ritiene che i francesi siano romantici mentre si pensa che gli inglesi siano freddi e poco passionali. Purtroppo gli stereotipi che vengono condivisi da una stessa comunità per giudicare i pregi e difetti di un'altra, sono davvero pericolosi e bisogna fare molta attenzione a non cadere nei pregiudizi, soprattutto quando non si conosce la realtà.

LUOGHI COMUNI E PREGIUDIZI

A questo proposito devo dire che, quando sono andata in Italia per fare l'Erasmus, sono rimasta abbastanza colpita quando mi sono accorta che l'idea che avevo degli italiani prima di conoscerli di persona era molto diversa dalla realtà. Appena sono arrivata a Bologna, infatti, ben presto mi sono resa conto che gli italiani non sono tutti uguali: ognuno ha la sua personalità.
In conclusione, perciò, vorrei dire che sicuramente è facile cadere nella trappola dei pregiudizi, ma c'è un modo per combatterli: allargare i propri orizzonti attraverso l'educazione e la conoscenza di altre culture, le quali rendono l'uomo capace di pensare in autonomia, senza ricorrere a falsi stereotipi, costruiti da persone con una mentalità rigida e chiusa.
Aline P.

1b Rispondi alle domande con il numero di parole indicato in parentesi.

1. In che cosa consiste un luogo comune? (parole 17-20)

2. Perché gli stereotipi possono essere pericolosi? (6-8)

3. Che cosa ha capito Aline, andando a Bologna? (17-20)

4. Si possono combattere i pregiudizi? In che modo? (7-10)

Più scrivo 2 più parlo

2 Completa la tabella.

	aggettivo	nome		aggettivo	nome
1	simpatico		6		buongusto
2		individualismo	7	rumoroso	
3		pigrizia	8		furbizia
4	elegante		9		ospitalità
5		gelosia	10	allegro	

3a Trasforma le frasi in forma passiva con il verbo essere, facendo attenzione al tempo del verbo attivo, come nell'esempio.

Gli stranieri amano molto l'Italia e la cultura italiana.
L'Italia e la cultura italiana sono amate molto dagli stranieri.

> **Attenzione:**
> I tempi composti attivi, al passivo, hanno due participi.

1. Con questo libro gli studenti stranieri apprendono con piacere la lingua italiana.
   _____
   _____

2. La polizia ha arrestato tre ladri che rubavano portafogli ai turisti.
   _____
   _____

3. Domani tutti gli italiani festeggeranno solennemente l'anniversario della nascita della Repubblica.
   _____
   _____

4. Cristoforo Colombo avrebbe scoperto l'America nel 1492.
   _____
   _____

LUOGHI COMUNI E PREGIUDIZI

5. L'albergatore in persona aveva avvertito in tempo i clienti della chiusura di una parte della struttura alberghiera per lavori.

6. Sicuramente ieri molti tifosi del Milan avranno seguito la partita in tv.

7. Un tempo gli italiani che andavano in vacanza spedivano agli amici molte cartoline.

8. Penso che i giornali pubblichino presto questa notizia.

9. I miei amici offrirebbero la cena agli ospiti cinesi.

10. Gli adulti devono comprendere i problemi dei giovani.

3b Sostituisci, dove possibile, il verbo *essere* con il verbo *venire* nelle frasi precedenti.

1. _____   6. _____
2. _____   7. _____
3. _____   8. _____
4. _____   9. _____
5. _____   10. _____

! Attenzione: Nella forma passiva il verbo *venire* può sostituire il verbo *essere* solo nei tempi semplici (presente, imperfetto, futuro semplice, ecc.), *mai* nei composti.
es. Il bambino legge una favola. → Una favola è/viene letta dal bambino.
Il bambino ha letto una favola. → Una favola è stata letta dal bambino.

Più scrivo 2 più parlo

SCRIVIAMO

4 Aline ha scritto sul blog perché gli italiani non sono tutti uguali. Completa il testo con le preposizioni che mancano.

Tra gli italiani c'è chi è elegante e chi non dà importanza _____ (1) aspetto, c'è chi è altruista e chi individualista, come esattamente succede _____ (2) qualsiasi Paese _____ (3) mondo. E poi gli italiani non sono dei fannulloni che pensano solo _____ (4) divertirsi, anzi, di solito lavorano con impegno e senso _____ (5) dovere. Affermare, inoltre, che hanno il pensiero fisso _____ (6) cibo mi sembra un'esagerazione: che io sappia, per ognuno _____ (7) noi stare insieme _____ (8) tavola significa condividere _____ (9) i propri cari e gli amici le gioie _____ (10) vita.

5 In coppia- Pensate al vostro Paese e scrivete nei riquadri, secondo voi, le caratteristiche dei suoi abitanti sui seguenti argomenti:

Caratteristiche fisiche	*Pregi del loro carattere*	*Difetti del loro carattere*
Abbigliamento	*Interessi*	*Abitudini alimentari*

Ora tocca a te!

Compito 1: Scrivi un articolo breve alla maniera di Gramellini, (Parte A, 1a), su alcuni degli stereotipi più comuni sui tuoi concittadini.

LUOGHI COMUNI E PREGIUDIZI

Compito 2: Seguendo la scaletta, scrivi sul tuo blog un post per combattere la cultura degli stereotipi.

scaletta

- che cosa si dice sul carattere degli abitanti del tuo Paese
- spiega da che cosa nascono queste caratterizzazioni
- che cos'è un luogo comune e riporta qualche esempio
- perché gli stereotipi sono pericolosi
- esempi di luoghi comuni da confutare
- come si può combattere la "cultura" degli stereotipi

PER PARLARE

1 Su Youtube ascolta la canzone di E. Bennato, intitolata "Italiani". Trovi qui le definizioni di alcune parole che potrebbero essere difficili.

Dicono di noi, improvvisatori, mafiosi, scalmanati, santi e navigatori

Improvvisatori = che si dedicano a un'attività, senza un'adeguata preparazione.
Scalmanati = che si agitano e gesticolano.

È vero. Sempre guelfi e ghibellini, terroni e padani

Guelfi e ghibellini = due famiglie storiche, entrambe di Firenze, che nel Rinascimento erano in guerra; vuol dire che gli italiani del Nord litigano con quelli del Sud e viceversa.

Terroni e padani = gli italiani del Nord insultano gli italiani del Sud chiamandoli *terroni*, cioè di origine contadina, senza modi; viceversa, gli italiani del Sud chiamano gli italiani del Nord *padani* in quanto abitanti della zona del fiume Po o anche polentoni, cioè grandi mangiatori di polenta.

Ma fortunatamente, italiani

Dicono di noi, rivoluzionari, pizzaioli, emigranti e canzonettari

Canzonettari = che compongono canzonette e cantano.

È vero. Tutti un po' cialtroni ed un po' geniali

Cialtroni = che non hanno voglia di lavorare.
Geniali = che hanno creatività e talento.

Ma fortunatamente, italiani [...]

Più scrivo più parlo ②

Dicono di noi, schiavi del pallone, tifosi esagerati, e al bar tutti allenatori. È vero. Libertari-libertini, e a volte puritani

Libertari = che dicono di amare la libertà.
Libertini = che amano e fanno la bella vita.
Puritani = che hanno una mentalità da moralisti.

Ma fortunatamente, italiani […]

1b Trovate online e leggete il testo completo della canzone. Commentate poi i versi che vi hanno colpito di più.

2 Descrivete l'immagine.   **3** Rispondete.

1. Qual è, secondo voi, il souvenir più rappresentativo dell'Italia? Perché?
2. Nel vostro Paese quali sono i souvenirs che comprano i turisti?
3. Conservate dei souvenirs di qualche luogo che avete visitato? Raccontate.
4. Nel vostro Paese esiste la comunicazione non verbale? Quali sono i gesti più frequenti?

4 Situazioni.

1. Silvana, la tua amica del cuore, è andata a Siena e ha comprato dei souvenirs di ceramica per tutti. Quando apri il tuo, ti accorgi che è rotto. Per non farla dispiacere, lo nascondi subito in borsa. Lei vorrebbe che tu lo mostrassi agli altri, ma trovi una scusa per non farlo.
2. Una studentessa straniera, che ha vissuto in Italia per alcuni mesi, sostiene che gli italiani si curano eccessivamente (con bei vestiti, profumi costosi, scarpe e borse all'ultima moda, ecc.). Tu, al contrario, pensi che ciò non sia un atteggiamento negativo, anzi… Ne nasce una discussione.

ESPRESSIONI UTILI

- La comunicazione non verbale
- Gestualità
- Gesticolare
- Il linguaggio del corpo
- Espressivo
- Modo di vivere
- Alimentazione basata su…
- Acquistare una calamita per il frigorifero
- Comprare come souvenir un oggetto di ceramica

Più scrivo più parlo 2

12 livello B2

FAMIGLIA

SCRIVIAMO
Scrivere su un forum per sostenere l'opinione di qualcuno, dare consigli a una mamma in difficoltà

PARLIAMO
Parlare di famiglia e di relazioni familiari

LESSICO

separato, severo, permissivo, autoritario, ubbidiente, vietare, convivenza, matrimonio (le nozze), litigare, separarsi, divorziare, diffidenza, sopportare, tradimento, difetti...

FUNZIONI

condividere l'opinione di qualcuno, esprimere il punto di vista personale su un argomento, chiedere un consiglio su un argomento imbarazzante...

ESPRESSIONI

coppia mista, coppia di fatto, famiglia allargata, fare i preparativi, la noia quotidiana, avere fiducia in...

1a Abbina alle immagini.

> coppia mista - coppia omosessuale - padre separato con figli - donna single con figlio - coppia di fatto - famiglia allargata

1. _____   2. _____   3. _____

4. _____   5. _____   6. _____

1b Secondo te, quali difficoltà devono affrontare le persone che vediamo nelle immagini e che vivono una situazione familiare particolare?

2 Sono sinonimi (S) o contrari (C)?

1. severo — permissivo ☐
2. sincerità — falsità ☐
3. coccolare — viziare ☐
4. dialogare — discutere ☐
5. ubbidiente — disubbidiente ☐
6. vietare — proibire ☐
7. autonomo — indipendente ☐
8. lasciarsi — separarsi ☐
9. fiducia — diffidenza ☐
10. offendere — rispettare ☐

FAMIGLIA

Parte A

1a Leggi le due opinioni divergenti del seguente forum sullo stesso quesito e sottolinea le parole che non conosci.

Ragazzi, pensate che per una coppia sia preferibile la convivenza o il matrimonio? Raccontateci le vostre esperienze.

10/09/2023 12:25 pm

Alex

Joined: 2 weeks ago
Posts: 55

Noi siamo andati a convivere sei mesi fa e tra un anno ci sposiamo. I nostri genitori non erano d'accordo in quanto si chiedevano se una coppia di conviventi fosse solida e se avesse intenzioni di impegnarsi seriamente. Invece, secondo noi, è impossibile, se non imbarazzante, iniziare la convivenza il giorno dopo le nozze. Ci vuole tempo per imparare a vivere insieme. Sicuramente è un'esperienza in cui cresci tanto e comprendi se hai scelto la persona giusta con cui fare dei figli e condividere il resto della tua vita. Del resto non è un anello a tenere insieme due persone, ma semplicemente l'amore. Adesso possiamo affermare che abbiamo fatto la giusta scelta. Per noi la convivenza è stata non solo utile, ma necessaria: ci siamo resi conto di essere fatti l'uno per l'altra. Ora non ci resta che essere felici.

10/09/2023 13:00 pm

Sara

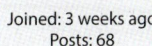

Joined: 3 weeks ago
Posts: 68

Noi inizialmente volevamo andare a convivere, ne sentivamo proprio l'esigenza. Ma abbiamo preferito fare le cose con calma! Dato che comunque avevamo in mente di costruire una famiglia, abbiamo preferito aspettare di avere un lavoro e una casa in cui crescere i nostri figli. In realtà il motivo principale di questa scelta è stato che mio padre non sarebbe stato per niente felice di vedermi accanto ad un uomo senza essere sposata ed io non volevo che lui, a causa mia, provasse un forte dispiacere. Devo dire la verità, adesso sono contenta di aver aspettato e di non essere andata a convivere prima: l'attesa del matrimonio è emozionante! Ci sono i preparativi, le bomboniere, la cerimonia, l'abito bianco e una promessa solenne in chiesa che ci legherà per sempre.

Più scrivo 2 più parlo

1b Le seguenti affermazioni si riferiscono al testo A o B?

1. Finalmente stiamo per sposarci. _____
2. I miei genitori non erano convinti che la nostra coppia avesse un futuro. _____
3. Abbiamo preferito fare con tranquillità i preparativi del matrimonio. _____
4. Non volevo ferire mio padre che era contrario alla convivenza. _____
5. Non basta un simbolo per legare due persone. _____
6. Mi emoziono se penso al giorno del mio matrimonio religioso. _____
7. Vivere sotto lo stesso tetto prima delle nozze ci è sembrata un'alternativa valida. _____
8. Conoscere la quotidianità di chi sposeremo è possibile solo in un modo. _____

2a Trova e sottolinea il congiuntivo imperfetto nei testi A (Alex) e B (Sara).

2b Metti i verbi in parentesi al congiuntivo *imperfetto*.

1. I miei genitori si chiedevano se la nostra coppia _____ (essere) solida.
2. Credevo che tu _____ (rispondere) alle mie e-mail.
3. Era importante che Sergio mi _____ (dare) ragione.
4. Credevate che noi vi _____ (dire) la nostra opinione su Clara?
5. All'inizio ci sembrava che le cose tra noi _____ (funzionare).
6. Non ci aspettavamo che nostra figlia _____ (separarsi).
7. Ernesto non s'immaginava che Elisa non _____ (volere) figli.
8. Si diceva che voi _____ (litigare) continuamente.

3 Completa il testo con la parola corretta che sceglierai tra le seguenti.

perfino - motivi - aumento - tradimento - attraverso - amore - grave - sopportare - doveri - ideale

Anno dopo anno i divorzi sono in forte _____ (1), forse perché la maggioranza delle persone è economicamente indipendente e non è disposta a _____ (2) i difetti dell'altro. Allora diventa sempre più facile litigare e, di conseguenza, lasciarsi. Ma c'è anche un'altra causa molto più _____ (3). Molte coppie, all'apparenza felicemente sposate, cercano di affrontare la noia

FAMIGLIA

quotidiana facendo nuove conoscenze _____ (4) i social network, poi s'innamorano a distanza e giungono _____ (5) a tradire il partner. E si sa che un _____ (6) è duro da affrontare e, dunque, meglio divorziare! Per tutti questi _____ (7) penso che la convivenza prima del matrimonio – e anche senza matrimonio – sia la soluzione _____ (8) per la coppia di oggi, dato che la legge viene ormai incontro a queste coppie "di fatto", stabilendo diritti e _____ (9) per entrambi i conviventi.

La convivenza significa fare una scelta di vita che si rinnova ogni giorno, non per obbligo, ma per _____ (10).

Parte B

1a Leggi il disperato appello di Monica e la risposta della sua amica Valeria, sottolinea le parole che non conosci.

> Valeria, non ce la faccio più. Tu sai che mio marito, Lorenzo, coccola le nostre figlie e ha un atteggiamento autoritario con Antonio. Ieri, sai cosa è successo? Lorenzo e Antonio hanno iniziato a litigare e ad urlare per via della macchina. Dato che pioveva, Antonio aveva chiesto a suo padre di prestargli l'auto per andare all'Università. Lorenzo gliel'aveva prestata a condizione che gliela riportasse entro le quattro del pomeriggio. Il ragazzo, però, dopo le lezioni, senza avvertire il padre, ha pensato di accompagnare a casa un collega che aveva la febbre e, perciò, è tornato alle sei. Ti lascio immaginare il seguito. Ho paura che Antonio se ne vada di casa.
> *Monica*

> Monica, mi raccomando, resta calma e lucida almeno tu! Ormai il litigio è finito e tu ora devi cercare un modo per far ragionare tuo marito. Per dire la verità, la sua reazione mi sembra esagerata! È vero che Antonio ha sbagliato a non mantenere l'accordo preso con suo padre, ma, in fondo, accompagnando a casa il suo collega malato, non ha fatto niente di male, anzi, si è mostrato generoso e altruista. D'altra parte mi è parso di capire che a tuo marito la macchina non servisse, ma che lui volesse solo imporre una condizione. So che Lorenzo pensa

Più scrivo più parlo 2

che i figli, maschi e femmine, debbano essere educati con fermezza, ma mi rattrista che poi abbia un atteggiamento autoritario solo con Antonio.
Perciò, se fossi al posto tuo, prenderei in disparte Lorenzo e gli spiegherei le mie preoccupazioni. Innanzitutto gli direi che non mi piace il fatto che tratta i figli in modo differente. È sempre disposto a chiudere un occhio con le figlie, a viziarle in tutti i modi, ma con Antonio è sempre troppo severo. Dovrebbe pensare che con il suo atteggiamento autoritario lo sta spingendo ad andarsene via di casa e che ciò significherebbe per lui un rallentamento nel conseguire la laurea, visto che sarebbe costretto a lavorare. Quindi, per il bene di Antonio, gli suggerirei di essere più tollerante e dialogare con vostro figlio, prima che sia troppo tardi. Infine gli sottolineerei che certamente Antonio ha sbagliato, ma che urlare non serve a niente. Fammi sapere!
Valeria

1b Quali delle seguenti affermazioni ci sono (sì) e quali non ci sono (no) nei testi letti?

		Sì	No
1.	Valeria non sopporta più il clima pesante che si respira in famiglia.	☐	☐
2.	Lorenzo ha un debole per le donne e perciò predilige le sue figlie.	☐	☐
3.	Antonio è un ragazzo ribelle che non ascolta i consigli del padre.	☐	☐
4.	Lorenzo ha prestato la macchina ad Antonio ad una condizione.	☐	☐
5.	Antonio ha accompagnato un amico malato con la macchina di Lorenzo.	☐	☐
6.	Valeria teme che Lorenzo abbandoni la sua famiglia.	☐	☐
7.	Monica suggerisce a Valeria di discutere con suo marito per risolvere la spinosa questione.	☐	☐
8.	Secondo Monica, Valeria dovrebbe comunicare a Lorenzo che non sopporta le sue urla e che per questo ha deciso di divorziare.	☐	☐

1c Abbina le seguenti espressioni con il loro significato.

1. mi raccomando ☐
2. in fondo ☐
3. chiudere un occhio ☐
4. fammi sapere ☐

a. fingere di non vedere qualcosa
b. in conclusione
c. informami
d. ti consiglio fortemente

FAMIGLIA

1d Completa la tabella.

	nome	verbo
1		litigare
2		reagire
3	sbaglio	
4	imposizione	

	nome	verbo
5		educare
6		rallentare
7	conseguimento	
8	suggerimento	

2 Cerchia la forma corretta.

1. Ora basta! ___
   a. Te ne va b. Te ne vai, sì o no?

2. _____ per non litigare.
   a. Mi ne vado b. Me ne vado

3. Nora _____ a casa a riposare.
   a. se n'è andata b. se ne ha andata

4. _____ senza salutare.
   a. Ve ne siete andato b. Ve ne siete andati

5. Volete _____ dalla festa?
   a. ve ne andare b. andarvene

6. Quando Tonino e Davide _____, Paola piangeva sempre.
   a. se ne andavano b. ne andavano

7. Cristina, se sei stanca, _____ con un taxi.
   a. se ne può andare b. puoi andartene

> **!** Attenzione ai pronomi che accompagnano il verbo:
> (io) me ne - (tu) te ne - (lui, lei) se ne - (noi) ce ne - (voi) ve ne - (loro) se ne

3 Metti in ordine le parole e la punteggiatura, e forma una frase.

1. prendere - , - il - Volevo - treno - ho - non - ma - l' - . - fatta - ce
   _____

2. la - più - facciamo - Non - . - ce - sentire - le - a - lamentele - tue
   _____

3. di - farcela - non - Pensavi - ? - compiti - a - i - finire - tuoi
   _____

4. in - farete - Fortunatamente - la - ! - ce - a - venire - noi - con - vacanza
   _____

137

Più scrivo 2 più parlo

4 Scrivi negli spazi il verbo che manca, scegliendolo tra i seguenti, e forma un periodo ipotetico di secondo tipo.

> lasceresti - avessi - comprasse - andremmo - venissi - prendeste - preparerebbero - fosse

1. Se io _____ un lavoro, me ne andrei di casa.
2. Se tu non avessi figli, _____ subito tuo marito.
3. Se potessimo, _____ al mare.
4. Se Bice _____ una macchina, non arriverebbe al lavoro in ritardo.
5. Signor Rossi, se _____ al posto mio, che cosa mi consiglierebbe?
6. Se si alzassero presto la mattina, _____ la colazione.
7. Se voi _____ questa medicina, guarireste in pochi giorni.
8. Carissima, se tu _____ per alcuni giorni a Genova, sarei felice di incontrarti.

Ora tocca a te!

1 Scrivi sul forum (Parte A, 1a) la tua opinione sull'argomento se sia preferibile la convivenza o il matrimonio: puoi sostenere il punto di vista di A oppure quello di B. Segui la scaletta.

scaletta
- spiega che situazione c'è ne tuo Paese e le cause del fenomeno
- concludi che per questi motivi sei d'accordo con…
- aggiungi alcune osservazioni

2 Seguendo la scaletta, rispondi anche tu a Monica,

scaletta
- criticando il comportamento del marito verso Antonio
- consigliandole di discutere con suo marito
- spiegandole che cosa faresti al posto suo

FAMIGLIA

PER PARLARE

1 Descrivete l'immagine.

2 Rispondete:
1. A che cosa vi fa pensare la parola "matrimonio"?
2. Quali sono le tradizioni più importanti che una coppia deve rispettare in un matrimonio tipico nel vostro Paese?
3. Le condividete?

3 Descrivete l'immagine.

4 Rispondete:
1. Secondo voi, quanto è importante che i genitori passino del tempo con i loro figli?
2. Come giudichi il comportamento dei tuoi genitori verso di te?
3. Secondo voi, fa bene a non separarsi una coppia solo per amore dei figli?

Più scrivo più parlo 2

PARLIAMO

5 Leggete il titolo del giornale e rispondete alle domande.

- Nel titolo del giornale a quale fenomeno italiano si fa riferimento?
- Secondo voi, quali sono i motivi che inducono i figli a rimanere in famiglia sino a tarda età?
- Nel vostro Paese esiste una parola corrispondente a bamboccioni (o mammoni)?

6 Mettete una X alle motivazioni che, secondo voi, spingerebbero una coppia ad una separazione definitiva. Poi spiegate come siete giunti a queste conclusioni.

1. incompatibilità di carattere ☐
2. incomprensioni ☐
3. problemi economici ☐
4. egoismo e desiderio di divertirsi ☐
5. tradimento ☐
6. nascita di figli ☐
7. fine dell'entusiasmo iniziale ☐
8. difficoltà sul lavoro ☐

7 Situazione.

Un tuo collega ti confessa di aver visto il marito della sua migliore amica, Jessica, con un'altra e non sa che fare. Se lo dirà alla sua amica, teme di spingerla al divorzio, se non glielo dirà e lei lo scoprirà, non gli rivolgerà più la parola. Tu gli consigli di comportarsi con Jessica esattamente come vorrebbe che Jessica si comportasse con lui.

ESPRESSIONI UTILI

- Incompatibilità di carattere
- Relazione extraconiugale
- Giurarsi eterno amore
- Scambiarsi le fedi
- Mandare le partecipazioni
- Preparare la lista di nozze
- Fare un ricevimento
- Dare bomboniere agli ospiti

BELLEZZA E MODA

13 livello B2

SCRIVIAMO
Indicare le informazioni principali di un testo e sostenere la propria opinione

PARLIAMO
Discutere degli odierni canoni e miti della bellezza

LESSICO
aspetto, pettinatura, tatuaggio, cosmetici, trucco, indossare, ritoccare, digiuno, decoro, offendere…

FUNZIONI
riassumere un testo, dare torto o ragione a qualcuno, ricavare informazioni da un titolo di giornale…

ESPRESSIONI
maschera antirughe, crema idratante, smalto per unghie, mantenersi in forma, disturbi alimentari, ricorrere al bisturi, seguire la moda, prendere in giro…

Più scrivo più parlo 2

SCRIVIAMO

1 Abbina le seguenti parole alle immagini (Attenzione: le parole sono di più!).

> bigodini - maschera antirughe - bilancia - set da trucco - shampoo - tatuaggio - pettinatura - unghie con smalto - cosmetici - crema idratante

 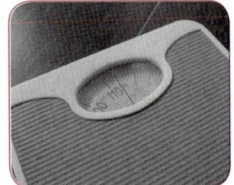  

a. _____ b. _____ c. _____ d. _____

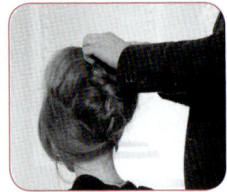 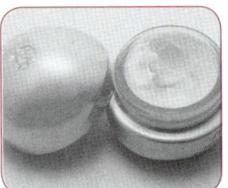 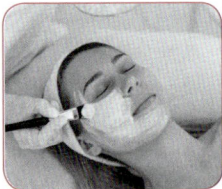 

e. _____ f. _____ g. _____ h. _____

2 Prova a mettere in ordine le lettere per avere sinonimi delle parole date.

1. apparenza (immagine) = s a p e t o t _____
2. volto (faccia) = i s v o _____
3. indossare = o p r t a e r _____
4. ossessione = a m i a n _____
5. star = m e d o l o l _____
6. digiuno = i d a t e _____
7. (corpo) ideale = e p r e f t o t _____

3 Completa il diminutivo della parola che deriva da "ritoccare" con le vocali che mancano e saprai che cosa uomini e donne chiedono al chirurgo plastico:

r __ t __ c c h __ n __

142

BELLEZZA E MODA

Parte A

1a Leggi su una rivista online il seguente articolo e sottolinea le parole che non conosci. Poi abbina i titoli ad ogni parte (spezzone) di testo.

a. Un'altra prospettiva
b. Conseguenze spiacevoli del mito della bellezza sul corpo e la mente
c. L'importanza decisiva dell'aspetto nelle relazioni
d. Nuovi miti di enormi dimensioni

1. _____

La società in cui viviamo attribuisce enorme importanza all'apparenza e all'aspetto. Ogni giorno, infatti, siamo bombardati da pubblicità con immagini di volti senza rughe e corpi perfetti che indossano abiti alla moda. Sicuramente oggi l'immagine condiziona molti dei nostri rapporti, anche in ambito lavorativo, cosicché una persona ben curata e di bell'aspetto, maschio o femmina che sia, ha concrete opportunità di successo.

2. _____

Purtroppo, bisogna dire che il mito della bellezza ai nostri giorni sta assumendo proporzioni esagerate. I clienti dei dietologi, centri estetici, palestre e perfino dei chirurghi plastici non sono solo adulti che cercano di mantenersi in forma, magari con un ritocchino o indossando abiti particolari e costosi, ma anche giovani. Soprattutto per questi ultimi è diventata un'ossessione curare nei minimi particolari ogni centimetro del proprio corpo, di abbellirlo con piercing e tatuaggi, per renderlo simile a quello di un modello o di una star dello spettacolo.

3. _____

Oltre al costo, il business della bellezza e della moda ha ricadute tanto sul corpo che sulla mente. Il corpo, infatti, viene sottoposto a digiuni massacranti che provocano disturbi alimentari e pericolose dipendenze psicologiche da farmaci e altre sostanze chimiche.
Un'altra conseguenza spiacevole è quella di attribuire più importanza all'aspetto fisico e all'apparenza che al carattere di una persona, alla sua educazione e alla sua etica, elementi fondamentali su cui si basa il progresso sociale.

4. _____

A questo punto vale la pena porsi una domanda: visto che i canoni della bellezza

e della moda mutano nel tempo e sono completamente diversi in ogni epoca, a che serve ricoprirsi il corpo di tatuaggi o digiunare per non mettere su nemmeno un etto, acquistare cosmetici costosi o ricorrere al bisturi, cercando di raggiungere un ideale di perfezione che domani cambierà?
Servirà a ben poco per avere successo nella vita. E allora? Meglio puntare all'accettazione di sé con i propri pregi e difetti. D'altra parte la bellezza, quella vera, si trova nella gentilezza d'animo che non è soggetta alle mode, ma è permanente.

1b Cerchia il significato delle parole presenti nel testo.

1. condiziona **a.** influisce **b.** crea
2. proporzioni esagerate **a.** grandissima diffusione **b.** modesta estensione
3. ricadute **a.** nuove cadute **b.** conseguenze
4. massacranti **a.** che causano morte **b.** molto faticose
5. disturbi **a.** piaceri **b.** problemi
6. mutano **a.** cambiano **b.** migliorano
7. mettere su **a.** perdere **b.** prendere
8. ricorrere al bisturi **a.** farsi un intervento **b.** correre dal chirurgo
9. puntare **a.** mettere un punto **b.** contare
10. soggetta **a.** legata **b.** indipendente

2 Quiz: indicativo o congiuntivo?

1. visto che + _____
2. nonostante + _____
3. siccome + _____
4. dal momento che + _____
5. sebbene + _____
6. benché + _____
7. poiché + _____
8. anche se + _____

3 Completa con la preposizione *a* o *in* (semplice o articolata) corretta.

1. Noi attribuiamo una grande importanza _____ aspetto esteriore delle persone.
2. I giovani indossano abiti _____ moda.
3. La cura di sé gioca un ruolo fondamentale anche _____ ambito lavorativo.
4. Tutti cercano di restare _____ forma con un ritocchino.
5. Le persone si sottopongono spesso _____ digiuni massacranti.

BELLEZZA E MODA

6. I canoni della bellezza e della moda mutano _____ tempo.
7. Maschi e femmine ricorrono _____ bisturi per raggiungere la perfezione fisica.
8. Sarebbe meglio se ciascuno di noi puntasse _____ accettazione di sé che non è soggetta alle mode.

4 Giochiamo (in due gruppi). Vince il gruppo che termina prima!

Primo gruppo - **Scegliete l'aggettivo del riquadro più adatto per ciascuna delle seguenti parole. (Attenzione: c'è un aggettivo in più!)**

> massacrante - spiacevoli - enorme - esagerate - plastico -
> alimentare - psicologica - permanente - chimica - fisico - estetico

1. aspetto _____
2. digiuno _____
3. proporzioni _____
4. importanza _____
5. centro _____
6. chirurgo _____
7. disturbo _____
8. dipendenza _____
9. sostanza _____
10. conseguenze _____

Secondo gruppo - **Scegliete l'infinito del riquadro più adatto per ciascuna delle seguenti parole. (Attenzione: c'è un infinito in più!)**

> ricorrere (al) - porsi - indossare - tatuare - sottoporre - provocare -
> raggiungere - condizionare - bombardare - attribuire - mutare

1. corpo _____
2. abito _____
3. dipendenza _____
4. ideale _____
5. rapporto _____
6. importanza _____
7. domanda _____
8. canoni _____
9. pubblicità _____
10. bisturi _____

SCRIVIAMO

Parte B

1a Su un forum leggi il post di una ragazzina e le opinioni di due lettori. Sottolinea le parole che non conosci.

16/09/2023 12:05 pm

Valentina
★★★

La mia prof d'italiano mi prende in giro perché indosso jeans strappati e top che lasciano la pancia scoperta. Penso che lei non abbia alcun diritto di offendermi davanti ai miei compagni! Vorrei dirglielo in faccia, ma ho paura che poi la prof mi bocci.

16/09/2023 12:45 pm

A
★★★

A scuola, come pure al lavoro, in edifici pubblici o in Chiesa, non esiste la libertà di vestirsi come si vuole in quanto bisogna portare un abbigliamento adatto al luogo dove ci si trova. Sicuramente top, canotte, jeans strappati, vestitini o pantaloncini corti e simili non possono essere indossati in ambiente scolastico. Come non si può andare in banca con il costume, così non si va in canottiera a scuola perché non è decoroso. Sono certa che la professoressa non voleva essere offensiva nei confronti di Valentina, ma spingerla a riflettere, senza vietarle niente. Secondo me, la quindicenne dovrebbe parlare direttamente con la sua insegnante della questione e la sua professoressa non solo non la boccerà, ma le spiegherà i motivi del suo comportamento. Valentina, da parte sua, però, dovrebbe sforzarsi a comprendere che non può vestirsi come vuole in un luogo pubblico come è la scuola, se vuole seguire le regole del vivere civile.

16/09/2023 13:10 pm

B
★★★
Joined: 4 weeks ago
Posts: 85

Innanzitutto teniamo presente che il vestiario indossato oggi dalle ragazzine a scuola fa tendenza nelle vetrine più eleganti di Roma o Milano. Dunque, non c'è niente di strano se a una quindicenne piace vestirsi alla moda. Tanto più se i genitori le danno i soldi per comprare tutto quello che desidera, senza perdere tempo in spiegazioni. La questione è che a scuola, e anche in altri posti, si deve andare vestiti con decoro e su questo non ci sono dubbi. Tuttavia, se è vero che gli studenti vanno educati, è pur vero che non vanno umiliati e offesi. Un docente non dovrebbe mai prendere in giro i suoi allievi, quanto piuttosto essere aperto al dialogo con loro per aiutarli a crescere. Secondo me, Valentina dovrebbe rivolgersi alla Preside affinché il suo problema, da individuale, diventi collettivo e che gli insegnanti, insieme agli studenti e alle famiglie di quest'ultimi, si confrontino apertamente su un argomento tanto delicato per risolverlo una volta per tutte.

BELLEZZA E MODA

1b Le seguenti affermazioni si riferiscono al testo A o B?

1. _____ Non ci si può sempre vestire come si vuole.
2. _____ Le quindicenni seguono la moda.
3. _____ Senza dubbio, occorre indossare abiti adatti al posto dove siamo.
4. _____ Alcuni abiti non possono essere indossati a scuola.
5. _____ Gli studenti non si devono mai offendere o umiliare.
6. _____ L'insegnante non voleva offenderla.
7. _____ Sarebbe utile parlare della questione con l'insegnante.
8. _____ Valentina dovrebbe raccontare tutto alla Preside.

1c L'espressione *prendere in giro* significa:

a. portare a passeggio   b. far girare un corpo   c. deridere qualcuno

1d Completa la tabella.

	nomi	aggettivi
1		decoroso
2		offensivo
3		pauroso
4	scuola	
5	civiltà	

	nomi	aggettivi
6	eleganza	
7		educato
8		umiliato
9	delicatezza	

2 In coppia - Ogni testo A e B è lungo circa 150 parole. Scegliete uno dei due testi e riducetelo ad un massimo di 70-80 parole, cancellando le informazioni che non considerate necessarie.

3 Dite se la congiunzione *perché* nelle seguenti frasi è finale (f) o causale (c).

1. Tua madre ha dato la sciarpa a Luca perché non prendesse freddo. _____
2. Gli insegnanti hanno spiegato la lezione con esempi perché gli studenti capissero. _____
3. Marilena ti prepara la pasta al pesto perché ti piace. _____

Attenzione:
- perché finale + congiuntivo indica lo scopo.
- perché causale + indicativo indica la causa.

4. Ho dato i soldi a Francesca perché compri una collana di perle per Claudia. _____
5. Ce ne andiamo perché è tardissimo. _____
6. Andate a dormire perché siete stanchi. _____
7. I medici ti danno queste medicine perché tu guarisca presto. _____

4 **Trasforma i verbi riflessivi nella forma impersonale, come nell'esempio.**

Qualche volta <u>alcune persone non si comportano</u> bene con gli altri. → Qualche volta non ci si comporta bene con gli altri.

1. A scuola <u>gli studenti non si vestono</u> sempre con decoro.
_____

2. La mattina <u>ci alziamo</u> presto.
_____

3. Alcune volte <u>vi trovate</u> in difficoltà.
_____

4. I ragazzi <u>si divertono</u> ad andare ai concerti all'aperto.
_____

5. <u>Io mi metto</u> a studiare per sostenere gli esami.
_____

6. Oggi <u>alcune persone non si vergognano</u> di niente.
_____

Ora tocca a te!

1 **Aiutandoti con i titoli del testo (Parte A, 1a), riscrivi le informazioni principali dei quattro paragrafi (usando il numero di parole indicato in parentesi.**

1. (parole 15-20) _____
_____
_____

2. (parole 15-20) _____
_____
_____

3. (parole 15-20) _____
_____
_____

BELLEZZA E MODA

4. (parole 20-25)

② Esprimi la tua opinione sul post di Valentina (Parte B, 1a), facendo riferimento al fatto che forse servirebbe un regolamento chiaro per risolvere il problema dell'abbigliamento a scuola. Segui la scaletta.

> **scaletta**
> - dai ragione o torto a Valentina e gliene spieghi il motivo
> - dalle un consiglio su che cosa dovrebbe fare

PER PARLARE

① Descrivete l'immagine e rispondete alle domande.

- Siete favorevoli o contrari ai concorsi di bellezza? Motivate la vostra opinione.
- Nel vostro Paese quanto conta l'immagine per avere successo? In quali campi?

② Descrivete l'immagine e rispondete alle domande.

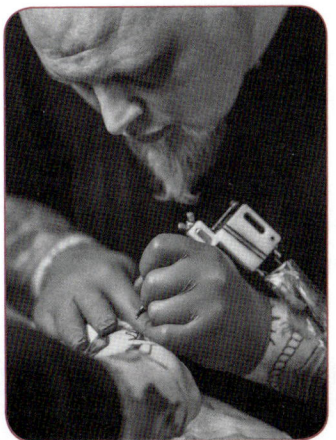

- Quale ruolo rivestono i mass media nel creare il "mito del tatuaggio e dei piercing" tra i giovani e non solo?
- Secondo voi, oggi è necessario "seguire le mode"?

Più scrivo più parlo 2

PARLIAMO

3 Leggete il seguente titolo di una notizia riportata da un giornale e rispondete alle domande.

Chirurgia plastica, anche in Italia spopolano gli interventi «da selfie»

1. Nel titolo della notizia a quale fenomeno italiano si fa riferimento?
2. Molte persone oggi si sottopongono a delicati e pericolosi interventi di chirurgia plastica per migliorare il proprio aspetto. Che ne pensate?
3. Voi ricorrereste al bisturi? Perché?

4 Situazioni.

1. Un tuo amico vuole sottoporsi ad un intervento di liposuzione perché vuole eliminare il grasso e sentirsi "figo" come il modello che ammira tanto. Tu cerchi di dissuaderlo dicendogli che "le maniglie dell'amore" sono simpatiche, ma se lui non le sopporta, invece di sottoporsi a un pericoloso intervento di chirurgia estetica, può fare una dieta e frequentare una palestra.
2. La figlia di una tua amica ha letto il seguente avviso:

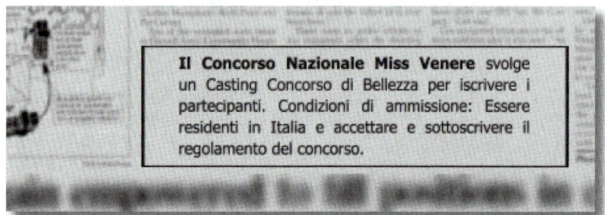

Il Concorso Nazionale Miss Venere svolge un Casting Concorso di Bellezza per iscrivere i partecipanti. Condizioni di ammissione: Essere residenti in Italia e accettare e sottoscrivere il regolamento del concorso.

Ti dice che vuole partecipare a questo concorso a tutti i costi in quanto per lei è importante avere successo nel mondo dello spettacolo. Tu cerchi di dissuaderla dicendole che non basta avere un bel corpo per diventare una modella o un'influencer famosa. Se vuole avere successo nel mondo dello spettacolo, più che sul suo corpo, farebbe meglio a puntare sullo studio del canto, della danza o della recitazione.

ESPRESSIONI UTILI

- Concorso di bellezza
- Ingenuo/a
- Giuria
- Proposta indecente
- Avere i piedi per terra
- Sottoporsi ad un intervento di chirurgia estetica
- Le "maniglie dell'amore"
- Essere "figo"
- Tingersi i capellii

Più scrivo più parlo 2

14 livello B2

TV, CINEMA E TEATRO

SCRIVIAMO
Scrivere una recensione a un film-documentario, scrivere per controbattere a dei commenti

PARLIAMO
Parlare di spettacoli televisivi, cinematografici e teatrali

○ **LESSICO**
attore (attrice), compagnia, telecomando, copione, drammaturgo, telegiornale, notizie, improvvisare, doppiaggio, palinsesto, rappresentazione, battuta, sequenza, avvincente, commerciale, impegnato, divertente, noioso, trasposizione, rivisitazione...

○ **FUNZIONI**
scrivere una recensione, partecipare a un dibattito su fb, declinare un invito e convincere qualcuno a fare altro...

○ **ESPRESSIONI**
vincere l'Oscar, interpretare un ruolo, fare zapping, rappresentazione teatrale, portare (mettere) in scena, rivisitare un'opera classica...

1 Completa le frasi con la parola che manca che sceglierai tra le seguenti.

telecomando - copione - compagnia - telegiornale - ruolo - premio - drammaturgo - serie - palcoscenico

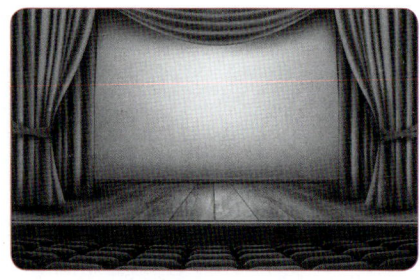

il sipario

1. Nel film il protagonista interpreta un _____ drammatico.
2. Il regista Paolo Sorrentino ha vinto il _____ Oscar con il film *La grande bellezza*.
3. La sera faccio continuamente zapping con il _____.
4. L'attore non ha seguito il _____ del film ed ha improvvisato.
5. Pirandello è stato un grande _____ italiano.
6. Ogni giorno al _____ si sentono solo brutte notizie.
7. Stasera a teatro si esibirà una giovane _____ molto innovativa.
8. Gli attori sul _____ recitavano con naturalezza.
9. Ogni sera su *Rai3*, da oltre venti anni, va in onda una _____ televisiva che si chiama "Un posto al sole".

2 Abbina le parole a sinistra con il loro significato a destra.

1. (le) sequenze
2. doppiaggio
3. indice d'ascolto
4. dietro le quinte
5. la prima
6. battuta
7. palinsesto
8. colonna sonora
9. puntata
10. locandina

a. dietro il sipario
b. musica di un film
c. prima rappresentazione di uno spettacolo
d. numero degli spettatori
e. manifesto pubblicitario di uno spettacolo
f. sostituzione della voce e della lingua degli attori da parte di doppiatori
g. insieme di scene che compongono un episodio
h. programma di una rete televisiva per un periodo
i. frase/frasi pronunciata/e da un attore
l. programma televisivo suddiviso e trasmesso in varie parti

TV, CINEMA E TEATRO

Parte A

1a Nicola ha visto a scuola un film-documentario sul bullismo in cui la protagonista Jessica, stanca di essere presa di mira da tre sue coetanee che la prendono in giro per il suo aspetto, tenta il suicidio.

Il film-documentario che ho seguito con grande commozione fa male al cuore, ma dovrebbe essere visto da tutti, adulti e ragazzi. Succede spesso che ragazze e ragazzi con qualche specifica particolarità siano presi di mira dai loro coetanei che li sottopongono a ogni tipo di soprusi e prepotenze, a violenza verbale e addirittura fisica. Appunto per questo motivo, se sono molto giovani, alcune volte si vergognano di confidarsi con i genitori o con un adulto e preferiscono isolarsi. Il loro disagio può spingerli a prendere decisioni drammatiche, come succede a Jessica. Nonostante oggi sia di grande attualità discutere del problema del bullismo, questo film-documento si differenzia dagli altri per un motivo fondamentale: viene messa particolarmente in luce la questione della morale del gruppo per cui la responsabilità personale nel commettere azioni negative è minore se si partecipa in tanti. Inoltre, ho trovato particolarmente dolorosa, ma ben rappresentata, la situazione di Jessica che piano piano raggiunge livelli di autostima sempre più bassi che la spingono fino al suicidio.
Relativamente al contesto familiare dei giovani bulli, infine, mi ha colpito lo scarso interesse dei genitori che, essendo troppo impegnati a raggiungere traguardi personali, mostrano di non aver tempo di discutere con i loro figli che, tra l'altro, considerano "bravissimi ragazzi", e preferiscono essere in ogni occasione permissivi e tolleranti.

1b Vero o Falso?

	V	F
1. Nicola ha visto un film a sfondo sociale e scrive una recensione.	☐	☐
2. Sostiene che il film dovrebbe essere vietato ai minori di 16 anni.	☐	☐
3. Alcuni ragazzi e ragazze sono vittime di atti di bullismo.	☐	☐
4. Spesso i giovani in questo caso preferiscono confidarsi con i loro insegnanti.	☐	☐
5. Questo film, anche se tratta di un argomento comune, è diverso dagli altri.	☐	☐
6. I membri del gruppo, o meglio del branco, non sono ugualmente colpevoli.	☐	☐

	V	F
7. Jessica commette un omicidio.	☐	☐
8. I genitori sono responsabili in quanto non hanno tempo per stare con i loro figli e, in fondo, non sanno di cosa sono capaci.	☐	☐

1c Indica il significato che le seguenti parole hanno nel testo.

1. coetanei **a.** che hanno la stessa età **b.** che abitano insieme
2. sottopongono **a.** vietano **b.** costringono ad accettare
3. soprusi **a.** belle azioni **b.** atti violenti su una persona debole
4. prepotenze **a.** atti per imporre qualcosa agli altri con la forza **b.** atti di bontà
5. verbale **a.** dei fatti **b.** delle parole
6. confidarsi **a.** dire un segreto a qualcuno **b.** avere fiducia in qualcuno
7. isolarsi **a.** allontanarsi da tutti **b.** andare su un'isola
8. scarso **a.** sufficiente **b.** insufficiente
9. traguardi **a.** mete **b.** punti di partenza

1d Cerchia il significato delle espressioni

1. *prendere di mira* significa **a.** ammirare **b.** tormentare
2. *mettere in luce* significa **a.** evidenziare **b.** osservare

2 Completa le frasi con i seguenti verbi.

abbia - ero - amassero - trasferiremo - studiate - fossi

1. Nonostante _____ stanca, hai continuato a lavorare.
2. Anche se _____ triste, avevo accettato di accompagnarti a teatro.
3. Benché Matteo _____ un'auto, va al lavoro con i mezzi pubblici.
4. Anche se _____ il tedesco da tre anni, non avete una buona pronuncia.
5. Sebbene loro si _____, non si capivano.
6. Anche se ci _____ all'estero, non vi dimenticheremo mai.

Attenzione:
- nonostante, benché, sebbene + congiuntivo
- anche se + indicativo

TV, CINEMA E TEATRO

3 Forma cinque coppie di aggettivi contrari e una coppia di sinonimi.

> angosciante - avvincente - commerciale - impegnato - appassionante - divertente - pesante - rilassante - leggero - tragico - noioso - comico

CONTRARI
1. _____ _____
2. _____ _____
3. _____ _____
4. _____ _____
5. _____ _____

SINONIMI
1. _____ _____

4 Completa la trama del film *Il colibrì* (tratto dal libro di Sandro Veronesi) con gli elementi grammaticali che mancano.

È il racconto della vita di Marco Carrera, _____ (1) oculista soprannominato "colibrì" da _____ (2) madre perché è bello come quell'uccellino, ma piccolo e di bassa statura, cosicché sembra un bambino che non riesce _____ (3) crescere.

La storia si sviluppa sulla base di ricordi che permettono di saltare _____ (4) un periodo a un altro, da un'epoca a un'altra, dal passato al futuro.

E _____ (5) mare che Marco conosce Luisa Lattes, una ragazzina bellissima e di _____ (6) s'innamora profondamente. Quest'amore, che resterà solo ideale, mai _____ (7) spegnerà, per tutta la vita. A Roma si sposerà con Marina e avrà una figlia, Adele. Nella sua vita ci saranno molti dolori, ma a proteggerlo troverà Daniele Carradori, _____ (8) psicoanalista di Marina, che insegnerà a Marco come accogliere i cambiamenti della vita più inaspettati.

Il colibrì racconta la storia della lotta che facciamo tutti noi per resistere a _____ (9) che talvolta sembra insostenibile, anche con _____ (10) potenti armi dell'illusione, della felicità e dell'allegria.

Più scrivo più parlo 2

Parte B

1a Alcuni amici virtuali hanno visto in tv la trasposizione in film di *Natale in casa Cupiello*, un'opera teatrale classica di Edoardo De Filippo, un drammaturgo molto amato dagli italiani. La maggior parte di loro scrive su fb che il film non si avvicina minimamente allo spettacolo teatrale e che, del resto, i capolavori non si toccano. Un amico virtuale partecipa al dibattito con un post con cui va controcorrente rispetto alla maggioranza. Leggilo e sottolinea le parole che non conosci.

> Se nessun attore interpretasse i capolavori del grande drammaturgo, perché non ne è all'altezza*, negheremmo a noi e a tanti giovani la possibilità di conoscere un artista di talento. È logico che nessuno è come De Filippo, e forse nessuno lo sarà mai, ma perché dovremmo privarci del piacere delle sue storie? D'altronde, vanno apprezzati gli sforzi di tutti gli attori del cast e il rispetto che hanno mostrato per quest'opera classica come pure del modo di interpretarla e portarla in scena. E poi che significa che i capolavori classici non si sfiorano nemmeno? Un'opera di valore universale parla a tutti, in ogni epoca e con qualsiasi mezzo. È vero che gli attori del cast non si esprimono in dialetto come nello spettacolo originale, ma questo non mi sembra un aspetto negativo, tutt'altro: può essere d'aiuto a chi conosce solo l'italiano e non le varietà linguistiche del Belpaese. D'altra parte, proprio quest'ultima accusa mi sembra la più infondata. È come dire che non si dovrebbero tradurre neanche le opere di Shakespeare o dei grandi scrittori! Per quanto mi riguarda, ci tengo a sottolineare che mi è piaciuta molto questa revisione in chiave moderna di uno spettacolo teatrale che, essendo in un'altra dimensione rappresentativa, ci permette di scoprire sfumature nuove e anche di emozionarci, assistendo ad un dramma solo apparentemente appartenente al passato.

* *non essere all'altezza significa non essere capace*

1b Rintraccia nel testo letto i pro evidenziati dall'amico virtuale a proposito della trasposizione televisiva di quest'opera classica e completa le frasi, senza copiare dal testo.

1. Se nessun attore interpretasse i capolavori del passato… _____
2. È logico che… _____
3. Per quale motivo dovremmo privarci del piacere di… _____
4. D'altronde dovremmo apprezzare… _____

TV, CINEMA E TEATRO

5. E poi, che significa che…? _____
6. Un'opera di valore universale… _____
7. È vero che gli attori del cast non si esprimono in dialetto… _____
8. D'altra parte proprio quest'accusa… _____
9. Per quanto mi riguarda, … _____

1c Sono sinonimi (S) o contrari (C)?

1. drammaturgo / tragediografo _____
2. negare / impedire _____
3. logico / illogico _____
4. privare / concedere _____
5. d'altronde / d'altra parte _____
6. sforzo / tentativo _____
7. tutt'altro / anzi _____
8. infondato / valido _____

2 Trasforma le frasi come nell'esempio.

Questo spettacolo teatrale è molto avvincente e <u>dovrebbe essere visto</u> → andrebbe visto.

1. Senza dubbio, questi attori sono bravissimi e <u>devono essere premiati</u>.

2. Credo che la tv <u>debba essere guardata</u> solo se ci sono programmi interessanti.

3. Gli eroi non <u>dovranno essere dimenticati</u>.

4. Paolo pensava che quel lavoro <u>dovesse essere finito</u>.

5. La birra <u>dovrebbe</u> sempre <u>essere bevuta</u> fredda.

6. Se non sbaglio, questa notizia non <u>doveva essere detta</u> a nessuno.

7. Le promesse <u>dovrebbero essere mantenute</u>.

8. La malattia <u>deve essere curata</u> con antibiotici.

9. Le opere classiche dei grandi scrittori stranieri non <u>dovrebbero essere tradotte</u>.

> **!** Attenzione: Il verbo "dovere" + infinito passivo si può sostituire con il verbo "andare"+ participio.

Più scrivo più parlo 2

SCRIVIAMO

3 Completa con le preposizioni corrette.

1. Perché dovremmo privarci _____ piacere di conoscere un artista di talento?
2. Gli attori hanno portato _____ scena un capolavoro classico.
3. Un'opera _____ valore universale parla a tutti, _____ ogni epoca.
4. Ci tengo _____ sottolineare l'importanza di questo tentativo.
5. Si tratta di una rivisitazione dell'opera _____ chiave moderna.
6. Assistiamo _____ un dramma che sembra appartenere al passato, ma che è molto attuale.

4 Trova le parole che si nascondono in questo crucipuzzle e indica quali sono maschili. Con le lettere che restano troverai la dodicesima parola che si usa anche in ambito teatrale.

P	R	O	B	L	E	M	A
O	E	P	A	O	S	D	R
E	G	E	T	C	C	R	T
T	I	R	T	A	E	A	I
A	S	A	U	N	N	M	S
■	T	D	T	D	A	M	T
I	A	L	A	I	■	A	A
T	E	M	A	N	E	■	M
P	R	I	M	A	M	■	A

Nomi maschili
_____
_____
_____
_____
_____
_____
_____

_____

Ora tocca a te!

1 Hai visto anche tu il film-documentario sul bullismo (Parte A, 1a) e scrivi una recensione per partecipare a quel concorso. Segui la scaletta.

scaletta
- riferisci la prima emozione che hai provato, vedendo il film
- spiega brevemente cos'è il bullismo (verso chi avviene, da parte di chi, in che modo si manifesta)
- scrivi che cos'ha di particolare questo film-documentario rispetto agli altri

TV, CINEMA E TEATRO

2 Hanno presentato in tv la trasposizione di una famosa opera teatrale.
Il giorno dopo su fb ci sono numerosi commenti di persone indignate lequali sostengono che i capolavori teatrali non si toccano. Tu non sei d'accordo e, seguendo la scaletta, motivi la tua opinione.

scaletta

- riferisci i vari punti in cui potresti essere parzialmente d'accordo con loro
- scrivi quali sarebbero le conseguenze se tutti avessero la loro opinione
- sottolinea l'importanza di "rimodernare" le opere teatrali per renderle adatte al pubblico di oggi, anche se ciò andrebbe fatto con la massima attenzione e grande rispetto per l'autore

PER PARLARE

1 Osservate la foto e dite se questa immagine vi piace o no. Spiegatene i motivi.

2 Rispondete alle domande.

1. Pensate che la tv si possa usare in modo intelligente ed educativo per i bambini? Quali programmi dovrebbero seguire i bambini? E gli adolescenti?
2. Anche se la tv è ancora il mezzo di comunicazione più diffuso, gli spettatori in Italia diminuiscono di anno in anno. Succede anche nel vostro Paese? Come mai? Raccontate.

Più scrivo 2
più parlo

PARLIAMO

3 Osservate la foto e dite se nel vostro Paese ci sono teatri all'aperto.

4 Rispondete alle domande.
1. Avete mai assistito ad uno spettacolo in un teatro come quello di Taormina nella foto? Se sì, raccontate la vostra esperienza, se no, spiegatene il motivo.
2. Siete d'accordo con l'affermazione secondo cui "il teatro ci permette di conoscere meglio noi stessi grazie ai suoi personaggi". Perché?

5 Leggete il seguente titolo di un articolo di giornale e rispondete alle domande.

Milano: metti una cena nei cinema e nei teatri

- Secondo voi, di che cosa si parlerà in quest'articolo?
- Come giudicate quest'iniziativa dal momento che cinema e teatro stanno attraversando un periodo di crisi? Avreste delle altre proposte per rilanciarli?

6 Situazione.
È un afoso sabato estivo. Un amico ti invita ad andare all'Arena di Verona per assistere a *La traviata*, un'opera di Giuseppe Verdi. A te non piace tanto quest'idea perché tutta la settimana hai lavorato molto, sei stanco, l'opera è molto impegnativa, fa caldo e hai bisogno di rilassarti. Dopo aver rifiutato anche altre proposte del tuo amico, alla fine decidete di andare in un cinema all'aperto per vedere il nuovo film d'avventura di cui tutti parlano.

ESPRESSIONI UTILI

- Programmi d'intrattenimento
- Teledipendente
- Guardare programmi in fascia protetta
- Tv spazzatura
- Proiezione di un film su uno schermo
- Una sala cinematografica
- Cerimonia di premiazione
- Tragedia greca
- Identificarsi con un personaggio
- Abbassare il prezzo del biglietto
- Acquistare biglietti al botteghino

LIBRI E LETTURA

livello B2

15

SCRIVIAMO
Scrivere una storia o il finale di una storia e compilare la scheda di un libro

PARLIAMO
Parlare di libri e lettura

○ **LESSICO**
favola, saggio, fumetto, interessante, triste, divertente, toccante, narrare, raccontare, copertina, trama, pubblicare…

○ **FUNZIONI**
narrare una storia passando da alcuni punti e immaginarne il finale, proporre un libro ad un gruppo di lettura online, scrivere a un editore, presentare un libro…

○ **ESPRESSIONI**
compilare una scheda, (la) morale della favola, casa editrice, suscitare un'emozione…

① Abbina alle seguenti parole la definizione corretta e rispondi alle domande.

> a. giallo - b. saggio - c. fumetto - d. romanzo -
> e. atlante - f. enciclopedia - g. favola - h. dizionario

1. _____ È un testo in cui l'autore analizza criticamente un argomento storico, letterario, ecc., portando dei dati a sostegno della sua opinione.

2. _____ È una narrazione fatta di vignette disegnate. Il suo nome si riferisce alla nuvoletta di fumo in cui sono riportati i dialoghi tra i personaggi.

3. _____ Raccolta di carte geografiche che rappresentano la superficie terrestre.

4. _____ È un testo scritto in prosa che narra vicende reali o fantastiche con una trama che può essere più o meno interessante.

5. _____ Contiene una raccolta delle parole di una determinata lingua con le relative spiegazioni.

6. _____ Si chiama così un romanzo poliziesco che vede come protagonista un investigatore che cerca il colpevole di un delitto o di un reato. Tiene il lettore con il fiato sospeso.

7. _____ È un'opera in cui sono raccolte e sistemate informazioni scientifiche, letterarie, ecc.

8. _____ Un racconto fantastico breve per i bambini e non solo.

Quali di questi libri ci sono nella tua libreria?

Ce ne sono anche alcuni di altro genere (libri di poesia, arte, ecc.)?

LIBRI E LETTURA

Parte A

1a Leggi la seguente favola di Gianni Rodari.

Il giovane gambero

Un giorno un giovane gambero pensò: "Perché nella mia famiglia tutti camminano all'indietro? Voglio imparare a camminare in avanti, come le rane, e mi caschi* la coda se non ci riesco".
Cominciò ad esercitarsi di nascosto, tra i sassi del ruscello […], e i primi giorni l'impresa gli costava moltissima fatica. […] Ma un po' alla volta le cose andarono meglio, perché tutto si può imparare, se si vuole.
Quando fu ben sicuro di sé, si presentò alla sua famiglia e disse: "State a vedere". E fece una magnifica corsetta in avanti.
"Figlio mio", scoppiò a piangere la madre, "ti ha dato di volta il cervello? Torna in te, cammina come tuo padre e tua madre ti hanno insegnato, cammina come i tuoi fratelli che ti vogliono tanto bene".
I suoi fratelli però non facevano che sghignazzare*.
Il padre lo stette a guardare severamente per un pezzo, poi disse: "Basta così! Se vuoi restare con noi, cammina come gli altri gamberi. Se vuoi fare di testa tua, il ruscello è grande; vattene e non tornare più indietro".
Il bravo gamberetto voleva bene ai suoi, ma era troppo sicuro di essere nel giusto per avere dei dubbi: abbracciò la madre, salutò il padre e i fratelli e si avviò per il mondo. […]

* cadere
** ridere con ironia

1b Ricostruisci la storia de *Il giovane gambero* utilizzando gli elementi dati.

- Alla fine…
- C'era una volta…
- Ma…
- All'inizio…
- E così…
- Finché…
- Un giorno…

Più scrivo 2 più parlo

1c Indica il significato corretto delle seguenti espressioni.

1. Ti ha dato di volta il cervello? **a.** sei impazzito? **b.** hai mal di testa?
2. Fare di testa tua **a.** usare la logica **b.** fare quello che vuoi
3. Voleva bene ai suoi **a.** voleva che i suoi stessero bene in salute **b.** amava la sua famiglia
4. Essere nel giusto **a.** avere ragione **b.** essere una brava persona

1d Qual è la morale della favola? Completa con le parole del riquadro.

> progresso - inseguire - controcorrente - costanza

1. È necessario che i giovani lettori credano e abbiano il coraggio di _____ i propri sogni.
2. Solo chi esplora nuove vie, può favorire il _____.
3. Ognuno può imparare a fare qualsiasi cosa con l'impegno e la _____.
4. A volte bisogna andare _____ per conquistare la propria indipendenza e libertà.

2a Trova nella favola i verbi al *passato remoto* e scrivi l'infinito da cui derivano.

1. _____   5. _____   9. _____
2. _____   6. _____   10. _____
3. _____   7. _____   11. _____
4. _____   8. _____   12. _____

2b Trasforma al passato remoto i verbi dati al presente.

Gianni Rodari *nasce* _____ (1) il 23 ottobre 1920 a Omegna sul Lago d'Orta (Piemonte). Fin da piccolo *matura* _____ (2) una passione per la musica e la lettura. Appena *riesce* _____ (3) a ottenere il diploma magistrale, *inizia* _____ (4) la carriera da insegnante. Già nei primi anni d'insegnamento, Gianni *s'interessa* _____ (5) fortemente al punto di vista dei suoi giovani allievi, che *spinge* _____ (6) a liberare la loro fantasia e ad aiutarlo nella stesura dei suoi libri. Rodari *si fa* _____ (7) portatore di un approccio diverso all'insegnamento della scrittura, molto più aperto, divertente e a misura di bambino. In un

LIBRI E LETTURA

suo famoso libro *scrive* _____ (8): «Nelle nostre scuole si ride raramente; l'educazione della mente non deve essere una cosa noiosa». Purtroppo la vita di questo indimenticabile autore e maestro *dura* _____ (9) troppo poco (1980), ma la sua eredità *pone* _____ (10) le basi per un nuovo modo di avvicinare i più piccoli, e non solo, alla lettura e alla scrittura creativa.

3 Scrivi la vocale finale del *femminile* dei seguenti aggettivi che si possono usare per caratterizzare una vicenda narrata in un libro.

1. original__
2. banal__
3. verosimil__
4. misterios__
5. avvincent__
6. insuls__
7. noios__
8. complicat__
9. curios__
10. divertent__
11. doloros__
12. squallid__
13. paradossal__
14. terrificant__
15. significativ__
16. toccant__
17. trist__
18. imprevedibil__
19. real__
20. stran__

Parte B

1a Leggi l'e-mail che un iscritto al gruppo di lettura online *libroclub* scrive per proporre un libro ai partecipanti. Poi sottolinea le parole che non conosci.

A:
Cc:
Oggetto:

Gentili lettori,
il titolo del libro che vi propongo è *La casa nel bosco* di Gianrico e Francesco Carofiglio. È la storia di due fratelli che non si frequentano molto. Essendo diversi di carattere, conducono vite differenti e forse non si sopportano neanche a causa di qualche evento passato. Ma un giorno, costretti a restare insieme nella casa di villeggiatura della loro infanzia, ha inizio per entrambi un viaggio nella memoria tra odori, sapori, storie, luoghi e oggetti dell'infanzia e dell'adolescenza che sembra spingerli a una riconciliazione.
Ve lo propongo perché mi sembrano molto avvincenti i dialoghi tra i due fratelli che completano l'uno il racconto dell'altro, come se, ormai adulti, fosse arrivato il tempo di comprendere che proprio la diversità che li ha allontanati è l'elemento chiave che gli consente di completarsi a vicenda. D'altronde non credo sia casuale che la storia si svolga nello spazio del bosco, dove in tutte le favole si nasconde il passaggio simbolico dall'infanzia alla maturità.
Ho trovato piacevole questa storia semplice e lineare che si legge volentieri. Mi chiedo, però, per quale motivo il racconto termini con un finale in sospeso, mentre l'autore aggiunge delle ricette alla fine del libro. Di questo e di tutto il resto gradirei discuterne con voi nel nostro prossimo incontro.

Invia

1b Compila la scheda.

Titolo del libro: _____ Autori: _____

Protagonisti: _____

Trama: _____

Luogo dove si svolge la storia e suo significato simbolico: _____
_____

Punti forti del libro: _____
_____

Punti deboli del libro: _____
_____

1c Abbina le parole di sinistra al loro significato a destra.

1. evento   a. decisivo
2. villeggiatura   b. aperto
3. entrambi   c. vacanza
4. memoria   d. semplice
5. riconciliazione   e. riavvicinamento
6. (elemento) chiave   f. fatto
7. a vicenda   g. mi piacerebbe
8. lineare   h. ricordo/i
9. (finale) in sospeso   i. l'uno con l'altro
10. gradirei   l. ambedue

LIBRI E LETTURA

2 Un tuo collega francese scrive un'e-mail all'editore di una nota casa editrice per chiedere di tradurre e pubblicare il libro che ha scritto. Sapendo che tu conosci l'italiano, ti chiede di leggerla prima di spedirla, affinché tu controlli eventuali errori. Tu gli correggi 12 errori.

A:
Cc:
Oggetto:

Gentile editore,

Mi chiamo Gerard Durant. Sono un'insegnante francese in pensione e vivo a Capri. Mi piace molto la letteratura e ho publicato numerosi articoli letterari a riviste online e alcuni romanzi, ottenendo buoni risultati. Ho vinto anche un paio di premi letterari.
La scrivo perché desidererei che traduceste in italiano e pubblicaste per la vostra casa editrice, nota per competenza è disponibilità, la mia raccolta di racconti nel francese "*La voce del mare (La voix de la mer)*".
Si tratta di storie ispirate ad alcuni avvenimenti veramente acaduti l'estate passata sulla bella isola dove mi ho trasferito.
Oltre del mio cv, troverà allegata a questa e-mail la sinossi del libro in italiano a cui spero che poterà dare un'occhiata per una prima valutazione.
Se, pertanto, pensa che la mia raccolta sia di suo piacimento, gentilmente m'informi ed io naturalmente ti invierò subito i primi capitoli tradutti o, se preferisce, l'intero dattiloscritto.
Cordiali saluti.

Gerard Durant

Ora tocca a te!

1a Scrivi:

1. Come continua e finisce la storia de *Il giovane gambero*, secondo te?
2. Qual è la morale della favola?

1b Racconta una storia che comincia così:

Era un caldo pomeriggio d'estate. Mentre camminavo tranquillo/a per strada, ad un tratto ho sentito il disperato pianto di un gatto…

Più scrivo più parlo

2 Ti sei iscritto/a anche tu al gruppo di lettura *libroclub*. È finalmente arrivato il tuo turno di presentare un libro che hai letto e ti ha colpito. Segui la scaletta.

scaletta

- riferisci il titolo e l'autore del libro
- racconta brevemente la trama
- sottolinea il motivo della tua scelta
- esprimi i dubbi su alcuni passaggi di cui vorresti discutere con gli iscritti al *libroclub*

PER PARLARE

1 Perché leggere? Metti una X vicino a quelli che ritieni i motivi più importanti. Motiva le tue scelte, riportando degli esempi.

1. Il lettore vive non solo la sua vita, ma mille vite. ☐
2. Leggere permette di acquisire nuove conoscenze. ☐
3. Chi legge si esprime meglio quando parla e quando scrive. ☐
4. La lettura di un libro aiuta a combattere lo stress. ☐
5. Se si legge, si viaggia stando sul divano di casa. ☐
6. I libri sono un divertimento a portata di mano e si possono leggere ovunque. ☐

LIBRI E LETTURA

② Descrivete la foto.

③ Rispondete alle domande.
1. Secondo voi, si può apprendere il "piacere" della lettura? Che cosa rende attraente un libro?
2. Avete mai riletto qualche libro dopo anni? Vi ha suscitato le stesse emozioni che avevate provato in passato?

④ Descrivete la foto.

⑤ Rispondete alle domande.
1. Secondo voi, l'idea di aprire in una libreria un angolo bar permetterà di vendere più libri?
2. Se oggi nelle librerie si vendono pochi libri, secondo voi, di chi è la colpa? Motivate la vostra risposta, parlando del vostro comportamento come acquirente di libri.

Più scrivo più parlo ②

⑥ Leggete il titolo di un articolo di un giornale e poi rispondete alle domande.

I ragazzi italiani?
Ultimi in lettura nella classifica europea

- Secondo voi, di che cosa si parlerà in quest'articolo?
- Nel vostro Paese quali sono le fasce d'età più inclini alla lettura?
- Siete contenti quando ricevete in dono un libro con tanto di dedica?

⑦ Situazione.

Un amico sa che ti piace molto leggere e perciò ti informa che, in occasione della Fiera internazionale del libro di Torino, va in onda un programma radiofonico in cui gli ascoltatori possono presentare un libro che ha avuto un particolare significato nella loro vita. Decidi di partecipare.

ESPRESSIONI UTILI

- Scaffale
- Vignetta
- Copertina
- Illustrazioni
- Veste tipografica
- Vicenda

- Dedica
- Tascabile
- Best-seller
- E-book
- Commercio online
- Scaricare libri da internet

LA SOCIETÀ DEI CONSUMI E LA PUBBLICITÀ

16 livello B2

SCRIVIAMO
Riportare una notizia esprimendo la propria opinione, scrivere un breve articolo sulla pubblicità

PARLIAMO
Discutere di acquisti e consumi

LESSICO
consumismo, consumatore (acquirente), acquisto, risparmiare, rinunciare, pubblicizzare, spot, sconti, saldi, deludere...

FUNZIONI
riassumere una notizia e commentarla, scrivere un breve articolo sulla pubblicità per una rivista online, discutere di acquisti, pubblicità e consumi...

ESPRESSIONI
promuovere un prodotto, società capitalistica, prodotto superfluo, incrementare (aumentare) le vendite, pubblicità progresso, slogan martellante...

Più scrivo 2 più parlo

SCRIVIAMO

1 Alla parola "consumo" sono collegate le seguenti parole italiane che riscriverai nello spazio apposito in base al senso delle frasi.

> consumismo - consumare - consumatore - consumistico

1. Si chiama così il fenomeno sociale delle società capitalistiche per cui le persone tendono a comprare anche prodotti superflui: _____
2. La persona che acquista e fa uso di un prodotto: _____
3. Aggettivo che significa "dei consumi": _____
4. Verbo che alla nostra società piace tanto: _____

2 Quali di queste parole formano coppie di contrari?

1. utile / superfluo ☐
2. acquistare / comprare ☐
3. acquisti / spese ☐
4. venditore / acquirente ☐
5. pubblicità / reclame ☐
6. risparmiare / sprecare ☐
7. pubblicizzare / reclamizzare ☐
8. apparenza / aspetto ☐
9. narcisista / vanitoso ☐
10. spot / pubblicità ☐

Parte A

1a Leggi la notizia e sottolinea le parole che non conosci.

Venezia e il turismo da selfie

Mamma, papà e due figlie adolescenti sono finalmente giunti a Venezia. Il caldo è asfissiante e i trolley sono trascinati a fatica fino all'alloggio prenotato online che è piccolo, buio e odora di muffa.

Ma non importa: poco distante, infatti, hanno già visto un albergo a cinque stelle. Sarà "lì" che ad amici e parenti racconteranno di aver alloggiato e, per dimostrarlo, basterà un "selfie".

Ed è così che due-tre giorni da incubo si trasformano nella "vacanza da sogno" da spacciare sui social: a Venezia, in un palazzo lussuoso, proprio come i VIP.

Una realtà confermata anche dagli addetti ai lavori. Una barista di Piazza San Marco crede che buona parte degli ingressi sia costituita da turisti che pretendono di immortalarsi all'interno, senza consumare neanche un caffè.

In sostanza, la cultura narcisistica, che connota il nostro tempo, crea un fenomeno incredibile per cui fotografarsi accanto a un'immagine del turismo, universalmente conosciuta, è diventato un modo per dire "come vedi, esisto e posso permettermi una vacanza da ricchi". Poco importa se, in realtà, si è precari o addirittura disoccupati!

LA SOCIETÀ DEI CONSUMI E LA PUBBLICITÀ

1b Quali delle seguenti informazioni sono presenti nella notizia letta?

	Sì	No
1. La famiglia che va a Venezia è composta da quattro persone.	☐	☐
2. Alloggiano in un posto non tanto confortevole.	☐	☐
3. È vietato scattare fotografie fuori o dentro a un albergo a cinque stelle.	☐	☐
4. Le vacanze a Venezia di molte persone sono faticose e difficili.	☐	☐
5. A Venezia ci sono molti monumenti e chiese dove scattarsi un selfie.	☐	☐
6. Un gran numero di turisti finge di consumare un pasto in un ristorante di lusso, ma in realtà mangia un panino su uno scalino.	☐	☐
7. I veneziani sono stufi di questo turismo di massa.	☐	☐
8. La cultura del nostro tempo è responsabile di quanto accade.	☐	☐

1c Sottolinea il significato delle seguenti parole del testo.

1. giunti **a.** arrivati **b.** partiti
2. odora di muffa **a.** profuma di qualcosa di antico **b.** maleodora a causa di piccoli organismi in decomposizione
3. da incubo **a.** piacevoli **b.** terribili
4. spacciare **a.** mettere in circolazione **b.** vendere
5. addetti ai lavori **a.** persone esperte **b.** persone che lavorano
6. immortalarsi **a.** diventare immortale **b.** fotografarsi
7. cultura narcisistica **a.** cultura dell'egocentrismo **b.** cultura della solidarietà
8. connota **a.** caratterizza **b.** conferma
9. permettermi **a.** concedermi **b.** accettare
10. precari **a.** le persone che hanno un lavoro fisso **b.** le persone che lavorano solo per un periodo

1d Completa questa breve sintesi della notizia con le preposizioni (semplici o articolate) che mancano.

Una famiglia va _____ (1) Venezia _____ (2) vacanze e si scatta un selfie davanti _____ (3) un albergo _____ (4) lusso e non davanti _____ (5) misero luogo dove alloggia (6) _____ fare colpo _____ (7) parenti e _____ (8) amici veri e virtuali.

Più scrivo più parlo 2

2 Abbina.

1. farsi un
2. spot
3. status
4. cadere in
5. mentalità
6. beni
7. società

a. tentazione
b. capitalistica
c. selfie
d. consumistica
e. symbol
f. pubblicitario
g. superflui

3 Completa questo punto di vista con le seguenti parole.

perplesso - utilizzi - secondo - base - aggregarsi - versione - sia - diffondere - epoca - scampo

Leggendo questa notizia, sono rimasto _____ (1). Per quale motivo i selfie sono diventati parte delle nostre giornate, con smartphone dotati di camere sempre più sofisticate e filtri che non lasciano _____ (2) ad alcun difetto? Non è semplice comprendere perché un gran numero di persone _____ (3) tali mezzi. Secondo alcuni ricercatori, alla _____ (4) della "selfite", per cui è diventata una necessità _____ (5) la propria immagine idealizzata, una _____ (6) di sé stessi che non sempre corrisponde alla realtà, potrebbe risiedere una grande ricerca di attenzione dovuta _____ (7) a una carenza di autostima sia al bisogno incontrollato di sentirsi ammirati. _____ (8) altri, invece, si tratterebbe di un forte desiderio di stare in compagnia, di _____ (9) ad un gruppo che ci piace.
In qualunque modo stiano le cose, quello che è certo è che viviamo nell' _____ (10) in cui apparire è più importante che essere.

LA SOCIETÀ DEI CONSUMI E LA PUBBLICITÀ

Parte B

1a Una rivista online ha proposto ai suoi lettori di scrivere un breve articolo sugli effetti della pubblicità sui consumatori. Leggi l'articolo che un lettore ha scritto e sottolinea le parole che non conosci.

Vediamo pubblicità ovunque: sulle riviste, sui cartelloni, sui manifesti, alla radio, in tv, sul web.

Sono convinto che la pubblicità dovrebbe presentare un prodotto per permettere al pubblico di conoscerlo e sceglierlo. Spesso, invece, si utilizzano delle tecniche che influenzano l'acquirente e lo spingono a comprare anche il superfluo.

Di conseguenza, per essere efficace, la pubblicità cerca di essere attraente e presentare modelli di persone, di oggetti e comportamenti adatti a coinvolgere il pubblico.

Per raggiungere questo obiettivo, i pubblicitari usano immagini con colori accesi, musiche gradevoli, slogan martellanti e, per di più, ricorrendo alle più sottili tecniche del marketing. È evidente, dunque, che abbiano creato delle tendenze nell'abbigliamento, per esempio, oppure nell'alimentazione o nei prodotti di bellezza, facendo leva sui desideri della gente che acquista di tutto per sentirsi alla moda.

Inoltre, i pubblicitari non esitano a presentare modelli di uomini e donne bellissimi, elegantissimi e ricchissimi, spingendo molti a volerli imitare.

In realtà, se ciò significa un aumento delle vendite per le aziende, vuol dire anche creare delle illusioni negli acquirenti che, alla fine, si sentono insoddisfatti se non riescono ad avere una vita come quella promossa dalla reclame.

In linea di massima, tutti, e soprattutto i bambini e gli adolescenti, si lasciano influenzare dalla pubblicità. Eppure, proprio per questo, occorre stare attenti e riflettere sulla necessità di acquistare un determinato prodotto. Solo con la logica riusciremo, infatti, a sfuggire al tentativo di manipolazione delle nostre emozioni e dei nostri comportamenti.

1b Rispondi alle domande.

1. Dove è possibile vedere delle pubblicità? (da 3 a 5 parole)

2. Quale dovrebbe essere il compito della pubblicità? (da 10 a 12 parole)

3. Come si comportano invece i pubblicitari? (da 10 a 15 parole)

4. Quali strategie di marketing usano per convincere i consumatori? (da 7 a 10 parole)

5. In che senso le pubblicità sono una risorsa per le aziende? (da 9 a 15 parole)

6. Per quale motivo i consumatori restano spesso delusi? (da 9 a 13 parole)

7. Quali sono le vittime più frequenti delle campagne pubblicitarie? (da 5 a 8 parole)

8. Come possiamo sfuggire alla manipolazione della pubblicità? (da 15 a 20 parole)

1c Completa la tabella.

	nome	verbo
1		produrre
2	scelta	
3	influenza	
4		acquistare
5		aumentare

	nome	verbo
6	vendita	
7	creazione	
8		illudere
9	promozione	
10		manipolare

LA SOCIETÀ DEI CONSUMI E LA PUBBLICITÀ

2 In questo parolone si nasconde una nota frase. Quale? (Attenzione devi mettere l'accento su due parole)

CUBLAQOUPUBBLICITABERESUGLUIANIMAELDELLADCOMMERCIONES

_____

3 Trasforma le coppie di frasi usando il verbo in corsivo.

1. a. Trovi difficoltà a lasciare la città. *Immagino che* _____
   b. Hai trovato difficoltà a lasciare la città. *Immagino che* _____

2. a. Rita non è uscita mai con la moto. *È probabile che* _____
   b. Rita non esce mai con la moto. *È probabile che* _____

3. a. Abbiamo perso la lezione di matematica. *Avete paura che* _____
   b. Perdiamo la lezione di matematica. *Avete paura che* _____

4. a. Guardo tutte le pubblicità in tv. *Loro non credono che* _____
   b. Ho guardato tutte le pubblicità in tv. *Loro non credono che* _____

5. a. Dino e Angela bevono il vino. *Non siete sicuri che* _____
   b. Dino e Angela hanno bevuto il vino. *Non siete sicuri che* _____

6. a. Siete partiti con l'aereo delle 15.00. *Si dice che* _____
   b. Partite con l'aereo delle 5.00. *Si dice che* _____

4) Completa le frasi con l'aggettivo, pronome o avverbio in -*unque* che sceglierai tra i seguenti.

> chiunque - ovunque (dovunque) - qualunque - quantunque - comunque

1. Il tuo cagnolino ti seguiva _____ tu andassi.
2. Può capitare a _____ di fare un errore.
3. _____ fossi stanco, partii per un viaggio di lavoro.
4. Vi staremo per sempre accanto, _____ vadano le cose.
5. Potete chiamarmi a _____ ora.

Ora tocca a te!

1) Riassumi la notizia della Parte A 1a.
Era interessante? Scrivi cosa ne pensi e riporta un esempio di un selfie che ti ha lasciato particolarmente perplesso (scattato ad un funerale o in un luogo pericoloso, mentre qualcuno veniva picchiato, ecc.), seguendo la seguente scaletta.

> **scaletta**
> - riporta la notizia in 30-35 parole
> - esprimi la tua opinione sulla notizia e motivala
> - riferisci un esempio di un selfie che ti ha colpito e dì brevemente perché

2) Una rivista online ha proposto ai suoi lettori di scrivere un breve articolo relativo agli effetti della pubblicità sui consumatori. Il migliore sarà pubblicato. Tu accetti la proposta. Per scriverlo, segui la scaletta.

> **scaletta**
> - spiega a cosa dovrebbe servire la pubblicità e come, invece, viene utilizzata
> - sottolina come i pubblicitari riescono ad attirare il consumatore
> - riferisci chi sono le vittime ideali della manipolazione pubblicitaria e perché

LA SOCIETÀ DEI CONSUMI E LA PUBBLICITÀ

PER PARLARE

1 Descrivete la foto e commentatela.

2 Rispondete alle domande.

1. Quali sono nel vostro Paese gli oggetti a cui le persone non vogliono rinunciare? Secondo voi, queste persone sono "vittime" della pubblicità? Riportate qualche esempio personale.
2. Oggi è cambiato il modo di fare spese? Voi come vi comportate quando volete acquistare qualcosa?
3. Pensate che "avere tutto e subito" significhi "felicità"?

3 Descrivete la foto e dopo rispondete alle domande.

- Quale argomento è oggetto dello slogan di questa **pubblicità progresso**?
- Come giudicate questo tipo di pubblicità? Motivate la vostra risposta.

4 Situazioni.

1. Lavori per un'agenzia pubblicitaria. Un cliente ti chiede di creare uno spot per pubblicizzare la sua azienda di vini. Tu gli fai delle domande per capire le sue esigenze e poi gli suggerisci...

2. Un tuo amico sostiene che l'aumento della criminalità delle metropoli abbia relazione con il consumismo. Nessuno vuole sentirsi emarginato perché non ha gli oggetti status symbol di oggi. Quindi, per ottenerli, le persone sono disposte a tutto, anche a rubare, a vendere droga, perfino ad uccidere. Tu sei d'accordo, ma pensi anche che forse si potrebbe intervenire...

ESPRESSIONI UTILI

- Stare in fila per ore davanti a un negozio
- Promuovere un prodotto
- Fare un lavaggio di cervello
- Prestigio sociale
- Essere bombardati (da)
- Educare ai valori
- Emarginato
- Frustrazione
- Pubblicità progresso

Più scrivo più parlo 2

17
livello B2

SCIENZA E FANTASCIENZA

SCRIVIAMO
Rispondere online ad un quesito sulla scienza, scrivere una lettera con consigli sulla longevità

PARLIAMO
Discutere di ricerca e progressi scientifici

LESSICO
spazio, astronauta, tuta, drone, missile, pianeta, l'extraterrestre (alieno), satellite, meteorite, finanziare, longevità, conquistare, esperimento...

FUNZIONI
rispondere al quesito di un lettore, immaginando di essere il responsabile di una rubrica di scienze online; scrivere una lettera informale con una lista di comportamenti che favoriscano la longevità; discutere di scoperte, invenzioni e progressi scientifici...

ESPRESSIONI
navicella spaziale, lanciare in orbita, la forza di gravità, lo sbarco sulla luna, la stazione spaziale, (il) sistema solare, vita media, allungare la vita, razza umana, vita sedentaria, (salire) a bordo...

Più scrivo 2 più parlo

SCRIVIAMO

① Abbina le seguenti parole all'immagine corrispondente.

telescopio - astronauta con tuta - missile - ~~galassia~~ - meteorite - navicella spaziale - drone - extraterrestre/alieno

   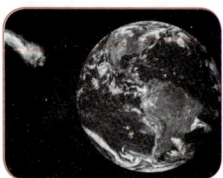

a. _____ b. _____ c. _____ d. _____

e. _____ f. _____ g. _____ h. _____*galassia*_____

② Completa le frasi con le seguenti parole.

conquistare - finanziare - orbita - spazzatura - segnale - assenza - sbarco - solare

1. L'antico sogno umano di _____ lo spazio sta diventando ormai una realtà.
2. Il lancio del primo satellite artificiale in _____ intorno alla Terra avvenne nel 1957.
3. La Nasa valuta le proposte prima di _____ una missione spaziale.
4. L'esplorazione dello spazio ci fornisce la conoscenza dell'universo, ma crea un sacco di _____ spaziale che orbita attorno al nostro pianeta.
5. Dai radiotelescopi è stato captato dallo spazio un potentissimo _____: è un messaggio alieno?
6. Nello spazio gli astronauti vengono a trovarsi in una situazione di _____ di gravità, cioè la forza di gravità diventa così debole da risultare quasi assente.
7. Milioni di italiani restarono incollati al video per seguire lo _____ sulla Luna nella notte tra il 20 e il 21 luglio 1969.
8. I pianeti del sistema _____ sono otto.

SCIENZA E FANTASCIENZA

Parte A

1a Sul Forum online della rivista *Scienza e Spazio* leggi quello che un lettore scrive (A) e la risposta del responsabile della rubrica (B). Sottolinea le parole che non conosci.

20/09/2023 14:05 pm

A
★★★

Amata Terra mia!
Ben prima di esplorare nuovi pianeti non dovremmo preoccuparci del futuro immediato della Terra?
Vista la domanda crescente d'energia nello sviluppo mondiale, c'è da chiedersi se le materie prime di cui disponiamo potranno tenere il passo con l'aumento inarrestabile dei consumi e della crescita della popolazione. Insomma, piuttosto che pensare a come raggiungere altri pianeti, sarebbe meglio trovare una soluzione per tenere a galla la nostra Terra il più a lungo possibile. Mi ricordo che in una trasmissione televisiva un noto personaggio si chiedeva se gli scienziati avessero mai preso in considerazione che l'uomo non è un robot.

20/09/2023 14:25 pm

B

Credo che le due prospettive ci dovrebbero interessare allo stesso modo e contemporaneamente. Proteggere, migliorare e rendere più vivibile la nostra Terra è un dovere, oltre che una necessità, per garantirci il benessere di domani. Ma nello stesso tempo dovremmo anche sviluppare la capacità di andare oltre la Terra perchè in un futuro, anche molto remoto, il nostro pianeta sarà vittima di cambiamenti naturali e climatici tali da rendere impossibile la sopravvivenza. E poi si aggiungerà, ancora più lontano nel tempo, lo spegnimento del Sole. La specie umana avrà quindi una sopravvivenza garantita solo se avrà imparato a vivere nello spazio, lontano dalla Terra d'origine. Questo è il nostro futuro, secondo natura.

1b Indica se le seguenti affermazioni si riferiscono al testo A o B.

1. Sarebbe meglio se ci interessassimo alla Terra piuttosto che allo spazio. ____
2. Non basta che ci occupiamo solo del pianeta Terra. ____
3. Come risolvere il problema della mancanza delle materie prime? ____
4. Sulla Terra sarà impossibile sopravvivere. ____
5. In tv una persona si è chiesta se gli scienziati abbiano coscienza di quello che siamo. ____
6. L'uomo sopravviverà solo se si trasferirà su altri pianeti. ____

Più scrivo più parlo 2

SCRIVIAMO

1c Abbina nome e aggettivo.

1. futuro ☐
2. sviluppo ☐
3. aumento ☐
4. materie ☐
5. pianeta ☐
6. cambiamento ☐
7. specie ☐
8. noto ☐

a. climatico
b. umana
c. personaggio
d. vivibile
e. prime
f. immediato
g. mondiale
h. inarrestabile

1d Cerchia il significato dell'espressione.

1. *Tenere il passo* significa **a.** avanzare alla stessa velocità **b.** camminare
2. *Tenere a galla* significa **a.** mantenere in vita **b.** salire in superfice

2a Individua e sottolinea le frasi con il verbo al congiuntivo trapassato.

1. Credevo che Umberto avesse sposato Rosa per amore.
2. Mi dispiace che gli esseri umani debbano abbandonare la Terra.
3. Benché avessi risolto il tuo problema economico, non eri soddisfatta.
4. Non sapevamo che quei ragazzi fossero nati in Italia.
5. Ci dispiace che tu abbia perso il portafoglio.
6. Si pensava che quel regista meritasse di vincere l'Oscar.

> **!** Attenzione: Il **congiuntivo trapassato** è un tempo composto e si forma con l'ausiliare *essere* o *avere* + il participio passato del verbo principale.
> *Es.* (mangiare) avessi mangiato / (andare) fossi andato/a

2b Leggi le frasi e completa gli spazi con il verbo corretto al congiuntivo trapassato.

> riuscire - cambiare - laurearsi - mangiare - dire - dimenticarsi - leggere - partire

1. Vi sembrava che loro finalmente _____ la verità.
2. I miei amici pensavano che io _____ a superare quell'esame.
3. Dubitavi che il direttore _____ la tua lettera di dimissioni.

SCIENZA E FANTASCIENZA

4. Nonostante _____ molto, Carlo aveva ancora fame.
5. Mi sembrava che loro _____ in fisica due anni prima.
6. Mi chiedevo se tu _____ di me.
7. Non era possibile che Tullio _____ idea.
8. Si diceva che i suoi nonni _____ per l'America in cerca di fortuna.

3 Completa la notizia con le parole che mancano.

Oggi alle 9.52 italiane è partita la missione spaziale Crew-4. Tra i membri dell'equipaggio c'è _____ (1) astronauta italiana Samantha Cristoforetti dell'Agenzia Spaziale Europea (ESA). Dopo molti rinvii a _____ (2) del maltempo, tutto oggi è andato per il meglio. Prima di _____ (3) a bordo, Samantha ha salutato i _____ (4) due bambini con un bacio.
Proprio a poche ore _____ (5) lancio Samantha Cristoforetti aveva festeggiato il suo quarantacinquesimo compleanno spegnendo le candeline sulla _____ (6) durante la quarantena, imposta sempre a _____ (7) gli astronauti prima della partenza. A bordo della Stazione _____ (8) astronauti si dedicheranno a molti esperimenti scientifici, collegati allo studio del comportamento del cuore e di altri organi in _____ (9) di gravità e alle differenze di reazione del corpo femminile rispetto a _____ (10) maschile.

4 Metti l'articolo determinativo corretto davanti ai seguenti nomi e scrivi il plurale.

SINGOLARE	PLURALE
____ spazio	____ ____
____ astronauta	____ ____
____ pianeta	____ ____
____ meteorite	____ ____
____ sbarco	____ ____
____ sistema	____ ____
____ scienziato	____ ____
____ robot	____ ____
____ specie	____ ____
____ uomo	____ ____

Parte B

1a Sul sito *dica33* leggi alcune indicazioni degli specialisti del settore medico per vivere a lungo. Sottolinea le parole che non conosci.

Ottime strategie per allungarsi la vita sono:

1. *evitare* il più possibile le sostanze nocive come ad esempio il fumo e gli alcolici.
2. *avere* una routine quotidiana con poco stress e *dormire* 7 ore a notte.
3. *fare* un'alimentazione sana e corretta a base di pesce e crostacei ricchi di Omega-3, poi frutta e verdura, meglio se di stagione.
4. *ridurre* sali e zuccheri.
5. *bere* almeno due litri di acqua al giorno. È possibile bere qualche tazzina di caffè e qualche bicchiere di vino, meglio rosso che bianco, ma senza esagerare.
6. *prendersi* cura del proprio aspetto, dalla pelle all'abbigliamento per sentirsi ancora attraenti e desiderati.
7. *non essere pessimisti*. Alcuni studi evidenziano che un ottimista può vivere fino a sette anni in più del pessimista.
8. *coltivare* le proprie amicizie e farne di nuove. A quanto pare, attraverso le varie chiacchiere e i discorsi, si hanno effetti notevolmente positivi sulla memoria.
9. *ridere* molto: le endorfine crescono ad ogni risata.
10. *svolgere* attività fisica per affrontare i rischi della vita sedentaria. Praticare uno sport adatto o anche fare ogni giorno una camminata di mezz'ora all'aperto sarebbe l'ideale.
11. *coltivare* degli interessi, per esempio la lettura, invece di stare in ipnosi davanti alla tv. Oggi molti senior usano il web per aggiornarsi e imparare ogni giorno qualcosa di nuovo.
12. Non *assumere* medicinali se non prescritti da un medico.

1b Riportate nei seguenti riquadri le azioni citate che bisogna fare e quelle da evitare per allungarsi la vita.

Cose da fare	Cose da evitare
dormire 7 ore a notte	fumare e bere alcolici

SCIENZA E FANTASCIENZA

Cose da fare	Cose da non fare
_____	_____
_____	_____
_____	_____
_____	_____
_____	_____

1c Completa la tabella.

	nome	verbo
1	allungamento	
2		alimentare
3	riduzione	
4	esagerazione	
5		curare

	nome	verbo
6		ridere
7		camminare
8	rinuncia	
9		leggere
10		assumere

1d Dividetevi in due gruppi. Un gruppo sostituisce ogni infinito in corsivo del testo Parte B 1a. con il verbo all'imperativo formale "Lei" e il secondo con il verbo all'imperativo informale "tu".

Gruppo A

> Indicazioni all'imperativo formale "Lei":
> _____
> _____
> _____
> _____
> _____
> _____
> _____
> _____

Gruppo B

Indicazioni all'imperativo informale "tu":

___

2 Metti in ordine le parole e ricostruisci le frasi.

1. Per / la / rilanciare / scientifica / occorre / ricerca / fondi. / stanziare / dei

2. segreto / coltivare / longevità / Il / della / è / interessi / in / e / stare / attività.

3. scienza / odierna / La / fatto / passi / ha / da / in / settori. / gigante / molti

4. Alcuni / essere / utili / possono / giochi / per / memoria. / la / esercitare

5. Alcuni / hanno / studiosi / che / dimostrato / bene / fa / mente. / ridere / al / e / alla / cuore

6. solitudine / La / e / noia / la / nemici / sono / peggiori / i / dell' / perché / uomo / fanno / lo / presto. / invecchiare

SCIENZA E FANTASCIENZA

Ora tocca a te!

1 Immagina di essere tu il responsabile della rubrica online *Scienza e Spazio* e di rispondere al quesito del tuo lettore, seguendo la seguente scaletta.

> **scaletta**
>
> - dì di essere d'accordo che la Terra dovrebbe essere la nostra prima preoccupazione
> - controbatti sostenendo che i viaggi interspaziali:
>   a. sono utili all'uomo per conoscere l'universo
>   b. sono necessari per sapere se un giorno la razza umana potrà sopravvivere su un altro pianeta, dal momento che gli scienziati prevedono catastrofi naturali sulla Terra, dovute all'avvicinamento del sole

2 Ami molto i tuoi nonni e vorresti che vivessero bene e a lungo vicino a te. Dopo aver letto i consigli suggeriti dai medici sul sito *dica33*, seguendo la scaletta riportata, gli scrivi una lettera in cui...

> **scaletta**
>
> - li saluti e gli chiedi come stanno
> - gli spieghi che cosa devono fare per mantenersi in forma
> - gli comunichi che andrai a fargli visita nel successivo fine settimana

PER PARLARE

1 Quali sono state, secondo voi, tra le seguenti, le più importanti scoperte e invenzioni scientifiche? Fate una graduatoria delle prime tre e motivate la vostra scelta.

- ☐ Stampa
- ☐ Microscopio
- ☐ Orologio moderno
- ☐ Motore a vapore
- ☐ Vaccini
- ☐ Telefono
- ☐ Lampadina
- ☐ Televisore
- ☐ Frigorifero
- ☐ Aereo
- ☐ Computer
- ☐ Internet
- ☐ Il DNA
- ☐ L'intelligenza artificiale

Più scrivo più parlo 2

2 Descrivete la foto.

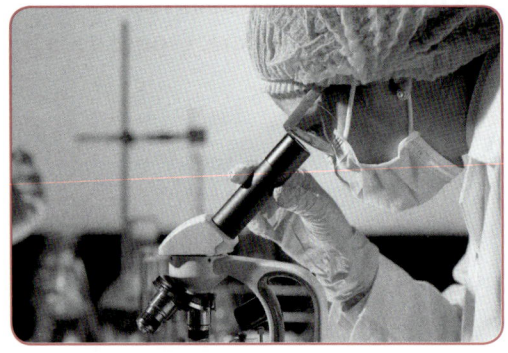

3 Rispondete alle seguenti domande.

1. Come immaginate la vita di uno scienziato?
2. Secondo voi, ci sono invenzioni "immorali" che potrebbero minacciare la sopravvivenza del nostro pianeta? Riportate qualche esempio e motivate la vostra risposta.

4 Situazioni.

1. Il tuo amico sostiene che lo sbarco sulla luna abbia abbattuto una delle frontiere umane più difficili da superare, offrendo nuove prospettive di sopravvivenza al Pianeta Terra. Tu sei d'accordo in parte e sostieni che…
2. Dici a un tuo amico che sei molto interessato ai film di fantascienza e soprattutto a quelli incentrati sul rapporto uomo-robot. Lui dice che questi film raccontano solo stupidaggini e che i robot sono solo macchine al servizio dell'uomo. Tu non sei d'accordo e cerchi di convincerlo…

ESPRESSIONI UTILI

- Microscopio
- Ricerca scientifica
- Abbattere le frontiere
- Superare i limiti

- Armi sofisticate
- Modificare il DNA
- Trapianto di cervello
- Creare macchine-umane

Più scrivo 2 più parlo

18 livello B2

CAMBIAMENTI CLIMATICI

 SCRIVIAMO

Redigere un testo informativo, scrivere una lettera di reclamo a un ente

 **PARLIAMO**

Discutere di ambiente e cambiamenti climatici

LESSICO

eruzione, vulcano, terremoto, incendio, valanga, alluvione, distruggere, grandine, suolo, soccorritore, sprecare, ambientalista, epidemia...

FUNZIONI

elaborare un testo informativo sulle cause e gli effetti dei cambiamenti climatici, scrivere una lettera di reclamo ad un ente, discutere delle conseguenze e dei rimedi per combattere i cambiamenti climatici...

ESPRESSIONI

protezione civile, aumento della temperatura, emissioni di gas, scioglimento dei ghiacciai, urbanizzazione selvaggia, risorse idriche, energie alternative (eolica, idrica, solare), norme antinquinamento, contestare una bolletta, raccolta differenziata, prodotti a km zero, gettare nel cassonetto (nella pattumiera)...

Più scrivo più parlo 2

1 Abbina le seguenti parole all'immagine corrispondente.

eruzione del vulcano - terremoto (sisma) - incendio - gas di scarico - valanga - tromba d'aria - alluvione - frana

a. _____ b. _____ c. _____ d. _____

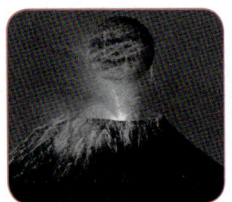

e. _____ f. _____ g. _____ h. _____

2 Sai come si chiama un incendio provocato volontariamente dall'uomo? Lo scoprirai riscrivendo nello stesso ordine, in basso, le lettere che si trovano negli spazi colorati.
(Le lettere sono già in ordine)

Quiz: Qual è…?

1. il verbo di distruzione: __ __ __ __ __ __ __ __ __ __
2. il nome di soccorrere: __ __ __ __ __ __ __
3. l'aggettivo che significa "di tutta la terra": __ __ __ __ __ __ __ __
4. il nome di prevenire: __ __ __ __ __ __ __ __ __
5. il verbo di spreco: __ __ __ __ __ __ __
6. l'aggettivo di nuocere: __ __ __ __ __ __ __

Soluzione: __ __ __ __ __ __

CAMBIAMENTI CLIMATICI

Parte A

1a Leggi il seguente testo informativo sulle cause e gli effetti dei cambiamenti climatici e sottolinea le parole che non conosci.

Secondo gli ambientalisti, l'aumento della temperatura del nostro pianeta è il problema più urgente di cui ci dovremmo preoccupare. Macchine, aerei e industrie, per via del carburante che utilizzano, hanno un forte impatto sull'ambiente naturale i cui effetti si traducono in primo luogo in un aumento dell'anidride carbonica e, dunque, dell'inquinamento dell'aria che respiriamo. D'altra parte le emissioni di gas, dannose per lo strato dell'ozono, producono l'effetto serra, creando il surriscaldamento globale dell'atmosfera e delle acque. Se a ciò aggiungiamo la questione della deforestazione e dell'urbanizzazione selvaggia, ci accorgiamo che l'ecosistema terrestre è davvero in grave pericolo. Le conseguenze più evidenti di questi cambiamenti sono tante, ma le più preoccupanti sono gli eventi climatici estremi, come piogge torrenziali, inondazioni o incendi, e l'alterazione degli habitat naturali che possono mettere a rischio la nostra salute e anche quella di molte specie animali, causando malattie ed epidemie. Inoltre, per quanto riguarda le città costiere, esse rischiano di scomparire a causa dello scioglimento dei ghiacciai e del relativo innalzamento del livello del mare. Per di più, se da un lato alcune zone sono minacciate dalla mancanza di piogge con conseguente diminuzione delle risorse idriche e, quindi, esposte alla desertificazione, dall'altro le alluvioni comportano per il suolo il rischio di frane e dissesti idrogeologici. I governanti dei Paesi più potenti della Terra talvolta s'incontrano e firmano dei protocolli per porre limite al disastro ambientale e promuovere forme di energie alternative, come l'energia eolica o solare, ma i risultati sono inesistenti perché le norme antinquinamento sono un limite al guadagno delle multinazionali. Perciò spetta a tutti noi abitanti della Terra agire in massa per difendere il diritto alla vita, prima che sia troppo tardi!

1b Quali delle seguenti affermazioni sono presenti nel testo letto?

	Sì	No
1. Se le temperature sono troppo alte, non dobbiamo certo stare con le mani in mano.	☐	☐
2. Il carburante che viene usato per i mezzi di trasporto non è sufficiente a coprire i bisogni del pianeta.	☐	☐
3. Gli esseri umani sono troppi e, quando respirano, producono effetti disastrosi per la terra.	☐	☐
4. Tutto l'ecosistema del nostro pianeta corre dei gravi rischi.	☐	☐
5. Uomini e animali sono minacciati da malattie ed epidemie.	☐	☐
6. Sulle città costiere d'estate non si soffre il caldo.	☐	☐
7. I governi stanno prendendo misure efficaci che risolveranno i nostri problemi legati al clima.	☐	☐

Più scrivo più parlo 2

2 Scrivi per ogni causa l'/gli effetto/i che sceglierai tra quelli del riquadro, come nell'esempio.

> innalzamento del livello del mare - ~~effetto serra~~ - siccità e desertificazione - inquinamento atmosferico - inondazioni e frane - incendi - malattie ed epidemie

1. surriscaldamento globale → _effetto serra_
2. scioglimento dei ghiacciai → _____
3. diminuzione delle risorse idriche → _____
4. aumento della temperatura → _____
5. emissioni di gas di scarico → _____
6. l'alterazione degli habitat naturali → _____
7. piogge torrenziali → _____

3 Unisci le frasi secondo il modello.

Il maltempo ha provocato molte vittime. Gli effetti del maltempo erano disastrosi.
Il maltempo, i cui effetti erano disastrosi, ha provocato molte vittime.

1. Perturbazioni atlantiche stanno per abbattersi sulla nostra città. Le conseguenze delle perturbazioni atlantiche saranno pioggia e grandine.
   _____

2. I vigili del fuoco hanno salvato un cane che era caduto nel lago. I compiti dei vigili del fuoco sono vari.
   _____

3. Una scossa sismica ha causato il crollo di alcune abitazioni. L'epicentro della scossa sismica era a poca distanza dal villaggio.
   _____

4. L'eruzione del vulcano ha causato problemi al traffico aereo. Il fumo dell'eruzione del vulcano era visibile da lontano.
   _____

5. Una valanga di neve ha travolto un gruppo di escursionisti. La grandezza della valanga di neve era davvero imponente.
   _____

CAMBIAMENTI CLIMATICI

4 Come possiamo contenere i cambiamenti climatici? Ecco alcune buone abitudini che scoprirai facendo gli abbinamenti corretti, come nell'esempio.

1. Chiudete il rubinetto ☐
2. Mangiate meno carne per *a*
3. Muovetevi a piedi o in bicicletta: ☐
4. Comprate prodotti a chilometro zero perché ☐
5. Acquistate apparecchi elettronici a maggior efficienza energetica per ☐
6. Fate la raccolta differenziata per ☐
7. Usate energie alternative che ☐

> a. diminuire le emissioni di gas serra e difendere dagli incendi dolosi i terreni da pascolo.
> b. i trasporti con mezzi pesanti inquinano l'atmosfera con i gas di scarico.
> c. quando vi insaponate mentre fate la doccia.
> d. vi manterrete in forma senza inquinare l'ambiente.
> e. sfruttano il vento e il sole.
> f. limitare il consumo di energia elettrica.
> g. smaltire correttamente o riciclare i rifiuti.

Parte B

1a Leggi la lettera e sottolinea le parole che non conosci.

> **Oggetto: Contestazione bolletta n. 4533 relativa all'utenza della corrente elettrica n. 16 in Firenze, via Spigola 17, intestata a Mario Rossi.**
>
> Con la presente intendo contestare la bolletta in oggetto di 780 euro, relativa al periodo 20 marzo – 21 maggio, in quanto il consumo fatturato è sicuramente sbagliato.
> In questi due mesi ero in ferie e, quindi, non usufruivo dei vostri servizi. Nonostante ciò, mi è arrivata una bolletta carissima con un importo da pagare che è esattamente doppio rispetto a quello della bolletta precedente quando facevo uso della corrente elettrica. Sicuramente si tratta di un'errata ricostru-

zione dei consumi, in assenza di verifica metrica del contatore, ma esigo delle spiegazioni da parte vs.
Vi invito pertanto a verificare quanto sopra riportato e conseguentemente a procedere all'emissione di una nuova fattura. Allego copia della bolletta in contestazione.
Spero di ricevere una risposta entro il termine dei 40 giorni dalla data di ricevimento di questo reclamo, altrimenti sarò costretto a seguire le vie legali.
In attesa di Vostro riscontro, porgo distinti saluti.
Mario Rossi

1b Rispondi alle domande.

1. Qual è lo scopo della lettera? (15-20 parole)

2. Di che cosa si lamenta Mario Rossi? (12-17 parole)

3. Qual è la sua richiesta? (13-18 parole)

4. Che cosa allega alla lettera? (7-12 parole)

5. Che cosa farà se non riceverà una risposta? (4-9 parole)

CAMBIAMENTI CLIMATICI 18

1c Trova nella lettera i sinonimi delle seguenti parole.

1. senza dubbio _____
2. vacanze _____
3. usavo _____
4. somma _____
5. di prima _____
6. sbagliata _____
7. controllare _____
8. bolletta _____
9. obbligato _____
10. risposta _____

2 In quale tipo di lettera o e-mail formale potresti trovare le seguenti frasi?

a. d'invito - b. di scuse - c. di richiesta d'informazioni - d. di ringraziamento - e. di auguri - f. di richiesta di consigli - g. per esprimere dispiacere o disappunto - h. di reclamo o contestazione - i. per esprimere gioia

1. _____ Con la presente intendo contestare la bolletta del gas che ho ricevuto in data odierna.
2. _____ Sono spiacente / desolato di non essere venuto all'appuntamento.
3. _____ Desidererei chiedervi alcune informazioni sugli orari delle lezioni.
4. _____ Sarebbe così gentile da darmi dei suggerimenti?
5. _____ Sarei molto lieto di invitarla alla mia festa di Laurea.
6. _____ La ringrazio / Le sono grato di aver risposto tempestivamente alla mia e-mail.
7. _____ Le auguro di trascorrere una felice vacanza con la sua famiglia.
8. _____ Chiedo perdono / scusa per non aver compreso subito la situazione.
9. _____ Siamo felici di comunicarLe la nascita di nostra figlia Lucrezia.

3 Inserisci ciascuna delle seguenti congiunzioni nel riquadro corretto. Una sola si può inserire in tutti e due i riquadri. Qual è?

prima che - perché (causale) - quando - affinché - senza che - mentre - nonostante - dopo che - benché - siccome - così che - perché (finale) - poiché - se - purché - come se

CONGIUNZIONI CON L'INDICATIVO	CONGIUNZIONI CON IL CONGIUNTIVO

Più scrivo più parlo

Ora tocca a te!

1 Seguendo la scaletta, scrivi un testo informativo sui cambiamenti climatici. Aggiungi alcuni comportamenti ecosostenibili per contenerli.

scaletta

- riferisci in breve dove il problema è più urgente e da cosa è causato
- riporta in breve gli effetti più preoccupanti
- scrivi quali sono i comportamenti ecosostenibili per contenerli

2 Hai ricevuto una bolletta dell'acqua molto "salata". Seguendo la scaletta, scrivi una lettera raccomandata alla compagnia dell'acqua per:

scaletta

- contestare l'importo
- chiedere verifiche più accurate e l'emissione di una nuova bolletta
- avvisare la compagnia che seguirai le vie legali se la tua richiesta non sarà soddisfatta

PER PARLARE

1 Descrivete l'immagine.

CAMBIAMENTI CLIMATICI

2 Rispondete alle domande.

1. Quali temperature si raggiungono in estate nel vostro Paese?
2. Quando fa un caldo torrido, la Protezione Civile rilascia alcune raccomandazioni per la popolazione? Se sì, quali?
3. Voi seguite tali raccomandazioni? Raccontate.

3 Descrivete l'immagine.

4 Rispondete alle domande.

1. Nel tuo Paese le persone amano la montagna quando è inverno?
2. In inverno molte persone si avventurano in montagna e ne sottovalutano i pericoli, restando vittime di incidenti e di valanghe. Quale è la vostra opinione su questi escursionisti, sciatori o scalatori?

5 Leggete il titolo della seguente notizia e rispondete alle domande.

- Secondo voi, di che cosa si parlerà in quest'articolo?
- Quali sono le problematiche che maggiormente colpiscono/hanno colpito l'ambiente nel vostro Paese?
- In che modo modificano/hanno modificato le vostre abitudini quotidiane?

Più scrivo 2 più parlo

PARLIAMO

6 Situazioni.

1. Nella tua città hanno inaugurato delle nuove piste ciclabili. Il tuo collega ha già da tempo acquistato una bicicletta e sembra molto soddisfatto. Per questo ne vorresti acquistare anche tu una, ma non sai se, potendo circolare con i mezzi pubblici, ne valga veramente la pena. Parli dei tuoi dubbi con il tuo collega che ti aiuta a prendere una decisione.

2. Andate dal sindaco della vostra città che è rimasta al buio e senz'acqua per una settimana a causa della neve che è caduta abbondantemente, impedendo la circolazione stradale, e gli esponete le difficoltà che avete affrontato. Il sindaco della vostra città vi dice che…

ESPRESSIONI UTILI

- Caldo torrido
- Il termometro segna x gradi di temperatura
- Allertare
- Protezione civile
- La cima della montagna
- Si stacca una valanga / slavina
- Travolgere gli sciatori / escursionisti
- Rifugio
- Pronto soccorso
- Unità cinofile
- Scavare nella neve
- Nubifragio
- Grandine
- Tuoni e fulmini
- Il fango trascina detriti
- Allagamento

Più scrivo più parlo 2

19 livello B2

EMIGRAZIONE E IMMIGRAZIONE

SCRIVIAMO
Riportare un'intervista su una rivista, scrivere un post al direttore di un giornale

PARLIAMO
Parlare di emigrazione e solidarietà

○ **LESSICO**

immigrare, emigrato, residente, clandestino, integrazione, xenofobia, razzismo, rimpatrio, discriminare, emarginare...

○ **FUNZIONI**

riportare su una rivista un'intervista, scrivere un post al direttore di un giornale, discutere di xenofobia, razzismo e solidarietà...

○ **ESPRESSIONI**

centro di accoglienza, permesso di soggiorno, certificato di residenza, condizioni di estrema povertà...

1) Abbina le seguenti parole al loro significato, come nell'esempio.

immigrato - centro di accoglienza - clandestino - integrarsi - passaporto - rimpatrio - emarginare - ~~permesso di soggiorno~~ - xenofobia - emigrato

1. È un documento che consente a uno straniero di restare in un Paese per un certo periodo. _permesso di soggiorno_
2. Chi va via dal proprio Paese d'origine per trasferirsi altrove. _____
3. Autorizzazione con cui il suo titolare può entrare in un certo territorio straniero e uscirne. _____
4. Inserirsi socialmente ed economicamente in una etnia diversa dalla propria. _____
5. Chi vive in un Paese diverso da quello d'origine. _____
6. Strutture in cui vengono ospitati i migranti. _____
7. Chi sbarca su un territorio straniero senza documenti. _____
8. Sentimento generico di paura e odio per gli stranieri. _____
9. Escludere da una società, da una comunità, ecc. _____
10. Misura con cui alcuni stranieri, in genere considerati pericolosi, vengono riportati nel loro Paese d'origine. _____

2) Completa la tabella.

	nome	verbo
1		rimpatriare
2	emarginazione	
3	integrazione	
4	sbarco	

	nome	verbo
5		accogliere
6		soggiornare
7	discriminazione	
8	tolleranza	

Parte A

1a) Leggi su un sito la seguente intervista che un giornalista ha fatto a un immigrato residente in Italia e sottolinea le parole che non conosci.

Buongiorno Abdul, se per te non è un problema, vorrei farti qualche domanda sui motivi per cui ti trovi in Italia.
Certo! Nessun problema.

Che cosa ti ha spinto a fuggire dall'Africa?
Ho lasciato l'Africa principalmente per motivi economici, in cerca di un lavoro e di una vita migliore, spinto da amici che vivono già in Italia. Stare lontano dalla famiglia, però, è difficile. Mi manca molto il sorriso dei miei fratelli più piccoli e l'abbraccio dei miei genitori.

EMIGRAZIONE E IMMIGRAZIONE

Ora che sei in Italia la tua situazione economica è migliorata?
Sicuramente. Ora ho un lavoro e vivo meglio a livello economico. Ma non è stato facile riuscire a trovare un'occupazione dignitosa perché molto spesso si presentavano degli ostacoli sul mio cammino. All'inizio venivo discriminato per il colore della mia pelle e perché non sapevo parlare in italiano. Poi, con l'aiuto di un mediatore culturale, ho imparato la lingua e così finalmente potevo comunicare con i miei datori di lavoro.

Come sei arrivato in Italia?
Sono arrivato su un barcone con tanti altri africani, dopo un lungo e pericoloso viaggio, e dopo sono stato per alcuni mesi in un centro d'accoglienza dove eravamo in tanti e con la paura del rimpatrio. Io mi sento molto fortunato perché sono riuscito ad entrare in Italia e ad avere un permesso di soggiorno.

Che tipo di persone sono quelle che decidono di affrontare questo pericoloso viaggio?
In genere sono giovani tra i 18 e i 24 anni. Le famiglie sono in minoranza, ma anch'esse sono presenti. Le loro situazioni sono differenti, ma la maggior parte della gente, che proviene dalla campagna, e anche dai centri urbani, lascia l'Africa per sfuggire a condizioni di estrema povertà.

Ritorneresti in Africa?
Certamente! Sarei felicissimo di poter riabbracciare la mia famiglia, di ritornare a casa mia. Anzi, penso che in futuro tornerò sicuramente in Africa, ma non in questo momento. Anche perché ritornare nel proprio Paese d'origine e ricominciare tutto da capo è percepito dalla comunità come un fallimento, e non è quello che desidero.

Grazie, Abdul, di averci raccontato la tua storia. Ti auguro un grande in bocca al lupo per la tua vita.
Prego! È stato un piacere conoscerti.

1b Scegli l'opzione corretta.

1. Abdul ha lasciato l'Africa
   a. per vari motivi.
   b. per trovare un lavoro in Italia.
   c. perché aveva alcuni amici che vivono in Italia.
   d. per aiutare la sua famiglia.

2. In Italia Abdul
   a. non è riuscito a trovare un'occupazione dignitosa.
   b. ha appreso la lingua locale.
   c. continua ad essere discriminato.
   d. ha deciso di fare il mediatore culturale.

Più scrivo 2 più parlo

3. In Italia Abdul è arrivato
  a. attraversando il mare.
  b. trovando l'accoglienza che desiderava.
  c. con difficoltà ma tanta speranza.
  d. con un permesso di soggiorno.

4. Gli africani che arrivano in Italia
  a. sono minorenni non accompagnati.
  b. nel loro Paese non trovavano lavoro in città.
  c. appartengono a famiglie particolarmente disagiate.
  d. sono una minoranza etnica.

5. Abdul ritornerà in Africa?
  a. lo esclude a priori.
  b. al più presto senza ombra di dubbio.
  c. non lo farà mai per non sentirsi un fallito.
  d. in qualche momento della sua vita.

1c Completa le frasi tratte dall'intervista, usando i seguenti connettivi.

  infine - per prima cosa - poi/dopo - inoltre - innanzitutto - successivamente

1. _____ il giornalista ha salutato Abdul.
2. _____ gli ha chiesto che cosa lo aveva spinto a lasciare l'Africa.
3. _____ gli ha domandato se la sua situazione economica in Italia era cambiata.
4. Il giornalista voleva sapere _____ in che modo era arrivato in Italia.
5. _____ ha pregato Abdul di informarlo sul tipo di persone che affrontavano un viaggio tanto pericoloso verso l'Italia.
6. _____ gli ha gli ha chiesto se era disposto a ritornare un giorno in Africa.

2 In coppia - Alcuni verbi si possono usare come sinonimi del verbo "dire". Mettete i seguenti verbi alla terza persona singolare del passato prossimo e del passato remoto, come nell'esempio.

dire: ha detto / disse

dichiarare: _____   aggiungere: _____
chiedere: _____   rispondere: _____

EMIGRAZIONE E IMMIGRAZIONE 19

esprimere: _____ domandare: _____
esclamare: _____ sostenere: _____
affermare: _____ suggerire: _____
esporre: _____ raccontare: _____
annunciare: _____ voler sapere: _____
riferire: _____ narrare: _____

3 **Trasforma in discorso indiretto la risposta di Abdul alla domanda numero due, continuando le seguenti frasi.**

a. Abdul racconta al giornalista che…
_____
_____
_____
_____

b. Abdul ha raccontato/raccontò al giornalista che…
_____
_____
_____
_____

> **! Attenzione:**
> a. Se il discorso indiretto è introdotto da un verbo al presente, cambiano: *persona, pronomi, possessivi, avverbi di luogo*.
> b. Se il discorso indiretto è introdotto da un verbo al passato, cambiano anche: *tempi verbali* e *avverbi di tempo*.

4 **Trasforma le frasi in discorso indiretto, usando indicativo e congiuntivo, come nell'esempio.**

a. Massimo chiede a Lucia: «Vuoi venire con me da nonna Maria?»
Massimo chiede a Lucia se <u>vuole / voglia</u> andare con lui da nonna Maria.
b. Massimo chiese a Lucia: «Vuoi venire con me da nonna Maria?»
Massimo chiese a Lucia se <u>voleva / volesse</u> andare con lui da nonna Maria.

1. a. Mino mi chiede: «Rimani a casa nel finesettimana?»
   a. _____

205

b. Mino mi chiese: «Rimani a casa nel finesettimana?»
b. _____

2. a. Annati chiede: «Perché non mi aiuti a fare questo lavoro?»
   a. _____

   b. Annati chiese: «Perché non mi aiuti a fare questo lavoro?»
   b. _____

3. a. Antonio domanda a Franca: «Hai telefonato a Luigi?»
   a. _____

   b. Antonio domandò a Franca: «Hai telefonato a Luigi?»
   b. _____

4. a. I colleghi chiedono a Teresa: «Vuoi parlare con il direttore?»
   a. _____

   b. I colleghi chiesero a Teresa: «Vuoi parlare con il direttore?»
   b. _____

5. a. Domando a Serena: «Ti senti pronta per il matrimonio?»
   a. _____

   b. Domandai a Serena: «Sei pronta per il matrimonio?»
   b. _____

Attenzione:
Nella frase interrogativa che dipende dai verbi *chiedere* e *domandare* (e simili) si può usare tanto l'indicativo quanto il congiuntivo.

Parte B

1a Leggi il seguente post che un signore italiano ha scritto al Direttore di una rivista e sottolinea le parole che non conosci.

Caro direttore,
i giornali parlano spesso del fenomeno dei **"cervelli in fuga"**, ovvero dei giovani istruiti che se ne vanno dall'Italia, lasciando famiglia ed amici, perché non trovano un lavoro dignitoso, corrispondente ai loro requisiti.
Un vero dramma sociale se pensiamo che il nostro Paese sta rapidamente invecchiando e che ha smesso di credere ed investire sul suo futuro.
Qui non stiamo parlando degli emigrati che nel secolo scorso, con la valigia di

EMIGRAZIONE E IMMIGRAZIONE

cartone, privi di tutto, in condizioni di grave povertà, partivano per le Americhe in cerca di fortuna, ma dei nostri giovani, dei giovani italiani d'oggi, preparati, qualificati e ben istruiti, che abbandonano delusi il loro Paese con il sostegno economico dei genitori, puntando al successo e alla carriera all'estero.

Le cause di questo fenomeno indubbiamente sono tante, molto complesse, e vengono da lontano. Questa però non può essere una giustificazione. Io sono convinto che, se le istituzioni e la classe dirigente avessero investito nella ricerca, forse oggi non saremmo a questo punto. E penso pure che sia arrivato il tempo che il Paese trovi i fondi necessari per offrire opportunità e prospettive concrete ai nostri giovani, prima che sia troppo tardi.

1b Indica se le seguenti affermazioni sono vere (V) o false (F).

	V	F
1. L'Italia si preoccupa dei suoi giovani e gli offre un lavoro dignitoso.	☐	☐
2. L'età media della popolazione aumenta sempre di più.	☐	☐
3. Un tempo si partiva per vincere il bisogno.	☐	☐
4. Oggi i giovani che lasciano l'Italia non sono né colti, né qualificati.	☐	☐
5. I giovani istruiti hanno come obiettivo quello di trovare un'occupazione qualunque, basta che trovino un lavoro.	☐	☐
6. Il Belpaese ha investito tempo e denaro nella ricerca.	☐	☐
7. Bisogna che l'Italia reagisca ora e offra un futuro migliore ai suoi figli.	☐	☐
8. È ormai troppo tardi per rimediare.	☐	☐

2a Trasforma le seguenti frasi usando il periodo ipotetico di 3 tipo, come nell'esempio.

Se il tempo *fosse* bello, *andremmo* al mare. → Se il tempo *fosse stato* bello, *saremmo andati* al mare.

1. Se Tullio avesse talento, diventerebbe uno scrittore famoso. →

_____

2. Se Irene e Massimo adottassero un cane, non si sentirebbero tanto soli. →

_____

3. Se tu partissi con l'aereo, arriveresti in serata. →

_____

4. Se studiassimo, supereremmo l'esame senza difficoltà. →

_____

Più scrivo 2 più parlo

5. Se seguiste i consigli dei vostri genitori, evitereste di sbagliare. →

6. Se fossi al posto tuo, lascerei l'Italia per trasferirmi in Germania. →

2b Continua liberamente le frasi.
1. Avrei comprato la macchina che desideravo _____
2. Avresti accettato con piacere la sua proposta _____
3. Non vi sareste dimenticati nulla _____
4. La polizia non avrebbe mai arrestato il ladro _____
5. Ci saremmo raffreddati _____
6. Non sarei venuto alla festa _____

3 Scrivi in ogni spazio la parola opportuna (sostantivo, aggettivo, verbo, avverbio), formandola da quella in maiuscolo che trovi alla fine di ogni frase.
1. Vorrei vivere _____. DIGNITÀ
2. Il nostro Paese _____ rapidamente. VECCHIO
3. La classe dirigente italiana continua a _____ troppo poco sul futuro dei giovani. INVESTIMENTO
4. Gli immigrati spesso sono _____ del necessario per sopravvivere. PRIVARE
5. I giovani italiani d'oggi che abbandonano l'Italia sono _____. DELUSIONE
6. Le cause di questo fenomeno senza _____ sono tante. DUBITARE
7. Occorre che l'Italia trovi i fondi necessari per offrire _____ ai giovani. OPPORTUNO

4 Leggi i gruppi di parole e distribuiscile nelle seguenti categorie.

sentimenti - titolo di studio - attività lavorative

1. _____ : laurea / diploma superiore / dottorato di ricerca / master
2. _____ : cameriere / bagnino / animatore / commesso
3. _____ : delusione / amarezza / frustrazione / disillusione

5 Completa il testo con la parola che manca.

Io, laureata in Lettere, faccio la commessa perchè non trovo lavoro.

Mi chiamo Elena, abito in un paesino del centro Italia e sono una _____ (1) neolaureata. Sono riuscita a conseguire la mia _____ (2) in Lettere con il sogno di avere _____ (3) futuro migliore. Non mi vergogno a dire _____ (4)

EMIGRAZIONE E IMMIGRAZIONE

ora sono disoccupata, non per volontà _____ (5), ma per come oggi è il mondo del lavoro. Purtroppo mi ritrovo a leggere annunci e a sostenere colloqui di lavoro in cui si _____ (6) solo persone con esperienza. Le aziende raramente offrono la possibilità di _____ (7) esperienza perché non vogliono _____ (8) tempo a seguire un nuovo stagista. Ma io dico, _____ (9) non ci permettete di fare esperienza, come pretendete che noi giovani possiamo crescere e lavorare? Siamo costretti _____ (10) sceglierci dei lavori alternativi, come nel mio caso, la commessa.

Ora tocca a te!

1 **Seguendo la scaletta, riporta, sulla pagina di una rivista l'intervista che hai fatto a un immigrato, immaginando le sue risposte. Nell'intervista gli chiedi:**

scaletta
- se vuole rispondere alle tue domande
- le motivazioni per cui ha deciso di emigrare
- se le sue condizioni ora che è in Italia sono soddisfacenti
- come ha raggiunto l'Italia e chi erano i suoi compagni di viaggio
- se ritornerà al suo Paese

2 **Hai letto il post che il signore italiano ha scritto sulla "fuga dei cervelli" dei giovani italiani. Ne scrivi anche tu uno simile al direttore di un giornale in cui:**

scaletta
- riporti in breve che significa questo fenomeno e perché, secondo te, è tanto grave
- ne evidenzi le cause
- esponi le soluzioni che vorresti venissero adottate dal governo

PER PARLARE

1 **Descrivete l'immagine e dite a quale argomento si riferisce.**

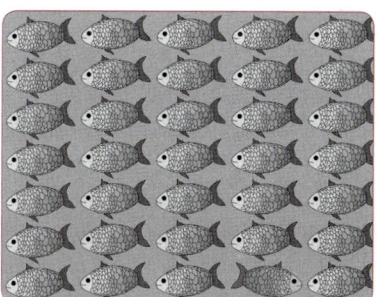

2 **Rispondete alle domande.**

1. Secondo voi, il razzismo riguarda solo le persone di un altro colore?

2. Nel vostro Paese esiste la xenofobia? Nei confronti di quali minoranze etniche? Questo atteggiamento è giustificabile?

Più scrivo più parlo 2

PARLIAMO

③ Leggete il grafico e dite a quale argomento si riferisce.

ITALIA: TERRA DI EMIGRAZIONE

250 MILA GIOVANI ITALIANI (25-35 anni) che hanno lasciato il paese negli ultimi 10 anni al netto dei rientrati

DA DOVE PARTONO
- LOMBARDIA 18%
- SICILIA 10%
- VENETO 9%

DOVE VANNO
- REGNO UNITO 20%
- GERMANIA 17%
- SVIZZERA 9%

PERCHÉ SE NE VANNO
Tasso di occ.
GIOVANI ITALIANI 15-25 anni
- ALL'ESTERO 51%
- IN ITALIA 17%

QUANTO GLI COSTA LA FUGA ALL'ESTERO
16 MILIARDI
1,1% PIL

④ Rispondete alle domande.

1. Avete mai pensato di espatriare? Raccontate.

2. Credete che riuscireste a vivere in un Paese diverso dal vostro o avreste paura di non potervi adattare a una nuova realtà?

⑤ Ricavate informazioni dal titolo della notizia e commentatela.

> **Aeroporto di Ciampino, colletta* per il migrante che pulisce le strade: "Così potrà tornare in Nigeria"**

*colletta = raccolta di denaro a scopo di beneficenza, per aiutare una persona in difficoltà.

⑥ Situazioni.

1. Sei una ragazza e ti sei innamorata di un ragazzo francese. Siccome vi frequentate ormai da quattro anni, dopo aver terminato gli studi, avete deciso di trasferirvi in Inghilterra per lavoro. Perciò vai dai tuoi genitori per metterli al corrente della vostra decisione. All'inizio loro reagiscono male ma, alla fine, dopo aver ascoltato le tue ragioni, accettano di conoscere il tuo partner.

2. Nel vostro condominio c'è una famiglia d'immigrati che cucina usando molte spezie. Vai dall'amministratore per lamentarti di questi odori che si sentono tutto il giorno e che ti infastidiscono, ma lui ti dice che...

ESPRESSIONI UTILI

- Atteggiamento razzista
- I diversi (gli immigrati, gli omosessuali, i malati di mente, i portatori di handicap, i barboni, ecc.)
- "Sfigato"
- Essere di larghe vedute
- Fiducia VS diffidenza
- Espatriare VS rimpatriare
- Compiere un atto di solidarietà
- Essere solidale con qualcuno
- Società multietnica

Più scrivo più parlo 2

20 livello B2

ARTE

SCRIVIAMO
Descrivere un quadro, dare dei consigli a un insegnante di Storia dell'Arte

 PARLIAMO
Discutere di arte, musei e siti archeologici

LESSICO
disegnare, dipingere, ritratto, quadro (tela, dipinto), restauro, galleria, affresco, colorare, corrente, scultura, statua, architetto, archeologo, (gli) scavi, capolavoro, graffito, affresco, vignetta, reperto...

FUNZIONI
descrivere un'opera d'arte, fare una proposta per modernizzare una lezione tradizionale, discutere di musei e graffiti...

ESPRESSIONI
opera d'arte, Storia dell'Arte (Educazione artistica), natura morta, incisione su legno, patrimonio artistico, un sito archeologico, visitare un museo (una pinacoteca)...

Più scrivo più parlo 2

SCRIVIAMO

1a Quali delle seguenti parole si abbinano alle immagini? Attenzione alle parole in più!

> natura morta - castello - reperto - (gli) scavi - affresco - statua - graffito - ritratto - dipinto (quadro, tela) - disegno - busto - restauro - vignetta - nudo - bassorilievo - monumento - edificio

a. _____ b. _____ c. _____ d. _____

e. _____ f. _____ g. _____ h. _____

1b Se lo sai, rispondi (per aiutarti ti diamo la lettera iniziale e finale).

1. Come si chiama chi dipinge? p _ _ _ _ _ e
2. Come si chiama chi prepara i progetti per la costruzione di edifici? a _ _ _ _ _ _ _ _ _ o
3. Come si chiama chi scolpisce? s _ _ _ _ _ _ e
4. Come si chiama chi fa degli scavi? a _ _ _ _ _ _ _ _ _ o
5. Come si chiama chi restaura opere d'arte? r _ _ _ _ _ _ _ _ _ _ e
6. Come si chiama chi incide il legno o il metallo? i _ _ _ _ _ _ _ e

1c Scrivi il sostantivo che deriva dai seguenti verbi, come nell'esempio.

	verbo	sostantivo
1	disegnare	
2	dipingere	
3	scolpire	
4	restaurare	

	verbo	sostantivo
5	costruire	
6	incidere	*incisione*
7	ritrarre	
8	affrescare	

ARTE

Parte A

1a La vostra insegnante d'italiano vi ha assegnato il compito di fare una ricerca in Internet e preparare una scheda per descrivere e commentare un quadro di un artista italiano che vi piace. Un tuo compagno ha scelto di parlare di un capolavoro di Francesco Hayez, intitolato "Il bacio".

Il bacio di Francesco Hayez

Questo dipinto di Francesco Hayez, intitolato "Il bacio" è del 1859 ed è conservato a Milano, nel Museo di Brera. Si tratta di uno dei capolavori più celebri del Romanticismo e di tutta la pittura dell'Ottocento in Italia, essendo stato considerato dai critici il simbolo dell'amore romantico.

Il dipinto rappresenta due giovani che sono in piedi abbracciati e si baciano. Il giovane porta un cappello che copre il suo viso e indossa un ampio mantello, mentre la giovane è vestita con un semplice abito azzurro e ha dei lunghi capelli sciolti. Il giovane sta per salire il primo gradino della scala, dando l'impressione che stia partendo, e per questo forse bacia la sua amata con grande passione.

Infine, a sinistra, nel buio, appare proiettata sul muro l'ombra di qualcuno.

La scena è ambientata nel passato medioevale cavalleresco tra le mura di un castello, costruite con grandi blocchi di pietra. Le varie tonalità del colore grigio, che domina sullo sfondo, sembrano annunciare un pericolo che incombe su questi giovani innamorati.

L'artista ha forse utilizzato l'ambientazione medievale per fare riferimento a fatti del suo tempo: intendeva cioè spingere gli Italiani a lasciare tutto per andare a combattere contro gli oppressori austriaci.

Probabilmente, infatti, il giovane patriota sta salutando la ragazza amata prima di andare in guerra. Nell'ombra che si intravede sulla sinistra, alcuni storici hanno visto, perciò, la presenza di una spia austriaca che sorveglia i due giovani.

Anche i colori degli abiti, almeno nella prima versione di questo quadro, richiamano le bandiere dell'Italia e della Francia e fanno riferimento all'alleanza stretta da questi due paesi contro l'Austria.

Pur avendo un significato storico, l'attenzione dell'osservatore viene catturata dall'intensità del sentimento di questi amanti, come simbolo di tutti gli amanti, costretti a separarsi per motivi superiori, forse per sempre.

Più scrivo più parlo 2

1b Completa la scheda.

Titolo del quadro: _____
Autore: _____
Dove si trova: _____
Corrente artistica: Romanticismo _____
Descrizione:
In primo piano…
A sinistra…
Abbigliamento del giovane: _____
Abbigliamento della giovane: _____
Ambientazione: _____
Probabile riferimento storico: _____

1c Abbina, come nell'esempio.

1. indossare ☐
2. avere lunghi ☐
3. dominare ☐
4. incombere ☐
5. proiettare ☐
6. fare ☐
7. stringere ☐
8. catturare ☐

a. un pericolo
b. riferimento
c. l'attenzione
d. un mantello
e. un'alleanza
f. capelli sciolti
g. un'ombra
h. il colore grigio

2 Trova l'intruso e sottolinealo, come nell'esempio.

celebre, <u>sconosciuto</u>, famoso, noto

1. scultura, dipinto, tela, quadro
2. museo, pinacoteca, galleria, castello
3. Romanticismo, Barocco, Futurismo, patriottismo
4. viso, volto, aspetto, faccia
5. cappello, mantello, pantalone, ombra
6. bocca, occhi, capelli, naso
7. blu, verde, azzurro, rosso
8. nemico, oppressore, alleato, avversario

ARTE

3 Completa le frasi scegliendo, secondo il senso, tra le due forme.

stare per + infinito / stare + gerundio

Attenzione:
stare per + infinito si usa per un'azione che non è ancora cominciata ma che succederà in un futuro molto vicino.
stare + gerundio si usa per un'azione che è già cominciata ma non finita.

1. Dicevi sul serio o stavi _____? (scherzare)
2. Mi avete preceduta. Stavo _____ esattamente la stessa cosa. (comprare)
3. Quando Valerio sta _____, non vuole essere disturbato. (lavorare)
4. Se Adriana sta _____, non svegliarla; torno più tardi. (dormire)
5. Abbiamo sentito dei rumori e stavamo _____ alla polizia. (telefonare)
6. Allora continuiamo. Che cosa stavamo _____? (dire)
7. Sbrigati! Sono le otto. I negozi non sono chiusi, ma stanno _____. (chiudere)
8. Il bambino non ti risponde perché sta _____ la tv. (guardare)

4 Trasforma le frasi, usando il gerundio semplice o composto, secondo la regola.

1. Ho incontrato Marco, mentre andavo al supermercato.
   _____

2. Abbiamo passato tutto il giorno a studiare l'italiano, poiché gli esami sono vicini.
   _____

3. Ieri, siccome avevi litigato con un tuo collega, eri molto nervosa.
   _____

4. Dal momento che avete tempo libero, potete andare in vacanza.
   _____

5. Poiché non avevate prenotato il biglietto aereo, non siete riusciti a partire.
   _____

6. I miei figli non verranno al cinema, dato che non vogliono vedere questo film.
   _____

4 Completa il testo con le parole che mancano, scegliendole, secondo il senso, dalle seguenti.

reperti - lava - archeologica - eruzione - duemila - costumi - patrimonio - suppellettili

Pompei e Ercolano: due siti archeologici di grande interesse

Esiste un solo luogo in tutto il mondo in cui è possibile rivivere la quotidianità dell'antica Roma: nella spettacolare area _____ (1) di Pompei ed Ercolano, considerata dall'Unesco _____ (2) mondiale dell'umanità. Qui il tempo si è fermato al 79 d.C., quando, in seguito all' _____ (3) del Vesuvio, questa zona venne ricoperta da uno strato di cenere e _____ (4) di oltre 6 metri che la preservò dalla distruzione causata dal tempo.

La maggior parte dei _____ (5) ritrovati include affreschi, mosaici, statue, _____ (6) e piccoli oggetti di vario genere che oggi sono conservati presso il Museo Archeologico Nazionale di Napoli. I ritrovamenti hanno permesso di comprendere meglio le abitudini alimentari, i _____ (7) e le tradizioni di oltre _____ (8) anni fa.

Parte B

1a Sul sito di un gruppo online per insegnanti a cui sei iscritto, un giovane laureato in Storia dell'Arte alla sua prima esperienza didattica scrive:

Quest'anno insegno Storia dell'Arte per la prima volta in un ginnasio. Benché l'arte sia un campo affascinante, trovo tante difficoltà nell'insegnamento di questa materia. Gli studenti non partecipano alle lezioni e mi guardano senza capire quello che dico. Li ho anche portati a visitare un museo, ma senza successo. Come potrei incoraggiarli a interessarsi alla mia materia?

Un collega che insegna questa materia da molto tempo risponde alla domanda del giovane laureato, facendogli delle proposte per modernizzare la sua lezione e renderla più interessante.

Caro collega,
non si stupisca se i ragazzi non sono entusiasti di visitare un museo. I giovani d'og-

ARTE

gi sono più interessati ai videogiochi. Dunque, i giochi possono essere di grande aiuto e vanno utilizzati.
Inoltre, invece di fare la classica lezione in cui l'insegnante parla e gli studenti ascoltano passivamente, potrebbe chiedere ai suoi ragazzi cosa pensano, cosa vedono o cosa capiscono di un'opera d'arte, senza mai contraddirli. Non importa come vedono e interpretano l'opera d'arte; l'importante è che la guardino e ne discutano.
Poi, gli faccia capire che tutti possono diventare artisti e che ognuno ha il suo modo di esprimersi. Di conseguenza, li incoraggi a produrre disegni, dipinti, piccole sculture e tutto ciò che possono, secondo la loro capacità e volontà. Qualunque cosa facciano, si congratuli sempre con loro e li spinga a continuare.
Posso aggiungere che, secondo me, occorre presentare la materia come un modo di sfruttare il loro talento nascosto. Guidando l'apprendimento in questo modo, vedrà che i suoi studenti cominceranno a capire l'arte, mentre la praticano: la troveranno un'esperienza gratificante e un'attività divertente.
Un altro modo per far appassionare i suoi ragazzi all'arte è raccontare la biografia dell'artista, magari con un breve video.
Sfruttando la moda d'oggi, per esempio, può insegnargli perché Picasso, Van Gogh o Frida Kalo sono artisti che hanno lasciato il segno nel loro tempo. Questa conoscenza permetterà a ciascuno di loro di identificarsi con uno di questi artisti. In questo modo, immergendosi nell'arte del proprio idolo, sicuramente ognuno di loro comincerà ad amare un quadro, una corrente artistica, una scultura, esattamente come succede per la musica. Anzi, finita la lezione e tornati a casa, vedrà che i suoi studenti cercheranno altre informazioni in Internet, curiosi di scoprire un nuovo mondo. Spero di averLe dato qualche idea.

1b Le seguenti affermazioni sono vere (V) o false (F)

	V	F
1. Il museo è una meta intrigante che piace a tutti, senza eccezioni.	☐	☐
2. Per rendere una lezione più interessante, si possono utilizzare tecniche ludiche.	☐	☐
3. È importante che l'insegnante spieghi ai suoi studenti il significato simbolico di un'opera.	☐	☐
4. Chi, sin dalla nascita, è dotato di creatività e sensibilità, non ha bisogno di altro per diventare un artista.	☐	☐
5. L'insegnante deve spingere gli studenti a produrre arte.	☐	☐
6. Cantanti e artisti potrebbero essere dei modelli da imitare per gli adolescenti.	☐	☐

Più scrivo 2 più parlo

SCRIVIAMO

1c Completa le frasi con la parola che deriva da quella in parentesi.

1. Non mi piace ascoltare _____ la lezione dell'insegnante. (PASSIVO)
2. Non bisogna _____ gli studenti. (CONTRADDIZIONE)
3. Gli studenti devono _____ da soli un'opera d'arte. (INTERPRETE)
4. Fare un disegno o dipingere può essere un'esperienza _____. (GRATIFICARE)
5. Un insegnante deve suscitare la _____ degli studenti. (CURIOSO)

2 Trasforma le frasi, come nell'esempio.

<u>Finito questo corso</u>, potrò sostenere gli esami. →
Avendo finito questo corso, potrò sostenere gli esami.

<u>Partiti i miei fratelli</u>, andrò in vacanza con Ornella. →
Essendo partiti i miei fratelli, andrò in vacanza con Ornella.

> **!** Attenzione:
> Il participio passato dei verbi
> **a. transitivi** si accorda con l'oggetto (avendo + participio passato).
> **b. intransitivi** si accorda con il soggetto (essendo + participio passato).

1. Concluso l'affare, Marco partì per un lungo viaggio.
   _____

2. Terminata la lezione, iniziamo subito a studiare.
   _____

3. Prese le medicine, starete meglio.
   _____

4. Mangiata la pasta, erano già sazi.
   _____

5. Entrati nel Museo, i ragazzi ne ammirarono le opere d'arte.
   _____

6. Uscita in fretta dall'ufficio, hai dimenticato di prendere il tuo cellulare.
   _____

7. Sentiti i bambini che gridavano, i genitori corsero a vedere cos'era successo.
   _____

8. Rimasto a casa, guardai un film in tv.
   _____

ARTE

3 Guarda le immagini e completa le frasi.

rosone

mosaico

lunetta

nicchia

arco

cupola

1. Il _____ è un'opera che si ottiene con piccoli frammenti di materiali, detti tessere, di diversa misura e colore.
2. La _____ è un dipinto o un bassorilievo che si trova di solito sopra una finestra o una porta. È un elemento decorativo a forma di mezza luna.
3. Nel muro di alcuni edifici è possibile trovare una cavità semicircolare dove sono sistemate statue. Questa cavità si chiama _____.
4. È una struttura curva che poggia su colonne o altro. Famoso è l' _____ di trionfo dell'imperatore romano Costantino.
5. Copertura semisferica di edifici monumentali. Una delle più belle è la _____ del Brunelleschi a Firenze.
6. Il _____ è un finestrone decorativo di forma circolare che si vede sulle facciate delle chiese di stile romanico e gotico.

Più scrivo 2
più parlo

4 Scrivi nel riquadro la funzione che ha ciascun gruppo di connettivi, come nell'esempio.

> avversativa - conclusiva - *restrittiva* - esplicativa - temporale - concessiva - finale - consecutiva - causale

1. allora, dunque, quindi, pertanto, di conseguenza, perciò, così ☐
2. a meno che, a patto che, purché, tranne che [*restrittiva*]
3. benché, nonostante, anche se, malgrado ☐
4. perché, poiché, dato che, visto che, siccome, dal momento che ☐
5. ma, però, tuttavia, invece, al contrario ☐
6. prima che, dopo che, mentre, quando, finché ☐
7. affinché, perché ☐
8. cosicché, in modo che, tanto che ☐
9. cioè, ovvero, vale a dire, in altre parole ☐

5 In coppia. Trovate l'errore nascosto in ogni riga e correggetelo.

1. La street art nascie in America negli anni '70 come forma
2. di ribelione, per dilagare in breve tempo in
3. tutto il mondo. Anche in Italia, dal nord al sud, dal Milano
4. a Palermo, la street art ha entrata a pieno titolo tra
5. le forme d'arte riconoscute, e vede nei writer
6. e nei street artist veri e propri artisti,
7. grazie alla forza espresiva delle loro opere
8. letteralmente alla portata di tutti. Se da un lato la
9. street art ha permeso negli ultimi
10. anni un processo di riqualificazzione delle aree
11. urbane di periferia, dalaltro tratta sempre più
12. temi sociali e di attualita, divenendo
13. uno veicolo importante per coinvolgere le persone.

ARTE

Ora tocca a te!

① **Seguendo la scaletta, descrivi un quadro che ti ha particolarmente colpito o che ti piace.**

> **scaletta**
> - introduci gli con elementi generali (titolo, artista, corrente, ecc.)
> - descrivi il soggetto/i soggetti della scena raffigurata
> - descrivi lo sfondo del dipinto
> - descrivi quali colori ha usato l'artista e per quale motivo
> - indica il probabile significato del dipinto
> - esprimi le emozioni che probabilmente prova chi lo guarda e perché

② **Rileggi la lettera del giovane laureato (Parte B, 1a). Poi, immaginando di essere un insegnante di Storia dell'Arte (Educazione artistica) da molti anni, gli scrivi dei consigli sul forum per suggerirgli degli espedienti con cui attirare l'interesse degli studenti. Segui la scaletta.**

> **scaletta**
> - suggerisci di non stupirsi dell'atteggiamento dei suoi studenti che non vanno pazzi per l'arte
> - sottolinea le cause di quest'atteggiamento
> - raccomandagli di trovare degli espedienti con cui attirare il loro interesse (mostrare dipinti o sculture da interpretare, spingerli a coltivare il talento artistico, fare una lezione attiva, vedere insieme brevi video sulle biografie degli artisti, ecc.)

PER PARLARE

① **Descrivete l'immagine e rispondete alle domande.**

- Pensate che tutti i musei siano adatti ai bambini? Che opinione avete dei laboratori per piccoli e adolescenti che si trovano in alcuni musei?
- I bambini amano disegnare e colorare con pastelli e pennarelli. Considerate l'arte importante per loro? In che senso?

Più scrivo 2 più parlo

2 Descrivete l'immagine e rispondete alle domande.

- Per quale motivo, secondo voi, alcuni imbrattano i monumenti con scritte, usando la vernice delle bombolette spay? È possibile intervenire?
- Nel vostro Paese ci sono importanti musei o siti archeologici? Ne avete visitato qualcuno? C'era una buona organizzazione per i visitatori?

3 Leggete il titolo di questa notizia. A che cosa si riferisce?

Ferragosto, Venezia presa d'assalto: 93mila turisti, quasi tutti stranieri.

4 Rispondete alla domanda.

Ogni anno migliaia di turisti arrivano in Italia per visitare le cosiddette "città d'arte" come Venezia, Firenze, Roma, Napoli, ecc.
Secondo voi, il turismo di massa costituisce un vantaggio o uno svantaggio per questi luoghi? Motivate la vostra opinione, riportando degli esempi.

5 Situazioni.

1. Irene ti confessa che i suoi genitori vorrebbero che si iscrivesse alla facoltà di Medicina, ma lei vuole iscriversi ad Architettura. Aiutala a trovare un modo per convincere i suoi genitori…
2. Dopo essere stato alla Pinacoteca della tua città, vai dal direttore allo scopo di protestare perché sulle targhette con il nome degli autori e il titolo dei dipinti ci sono molti errori nella traduzione dall'inglese nella tua lingua. Lui non crede alle tue parole perché… Ne nasce una discussione.

ESPRESSIONI UTILI

- Colorare con pastelli e pennarelli
- Dipingere a tempera/olio
- Avere talento
- Capolavoro
- Esprimere le emozioni
- Tutelare il patrimonio artistico
- (I) vandali
- Atto vandalico
- Imbrattare un monumento
- Le scritte sui muri
- Bomboletta spay
- Spruzzare la vernice
- Turismo di massa

CHIAVI

U0

2b
1. verbo, preposizione; 2. nome, aggettivo; 3. articolo, avverbio; 4. pronome; 5. articolo, congiunzione

3
1/2/8

Parte A

1b
1. V. / 2. F. / 3. F / 4. F / 5. V / 6. F

2
1. a; 2. a; 3. di; 4. a; 5. di; 6. a; 7.a; 8. a; 9. di

3
1. diligente; 2. scontroso; 3. pigro; 4. distratto; 5. svogliato; 6. indisciplinato; 7. motivato; 8. taciturno; 9. superficiale; 10. timido; 11. assente; 12. mediocre;
1. d; 2. e; 3. f; 4. c; 5. h; 6. i; 7. n; 8. a; 9. b; 10. m; 11. l; 12. g

4
1. nastro adesivo; 2. bianchetto; 3. graffette e clip; 4. raccoglitore; 5. evidenziatore; 6. spillatrice; 7. temperamatite; 8. perforatrice; 9. (le) forbici; 10. riga e squadretta

Parte B

1.b
1. gruppo, individuali; 2. presenza, remoto; 3. sviluppo, abilità; 4. culturali; 5. aperte

2
1. si studiano; 2. -; 3. si imparano; 4. si offrono; 5. si fa; 6. non si può; 7. -; 8. si deve fare

3
b; a5; b1; c3; d2; e4

4
1. io dovrei; 2. vorrebbe; 3. potrebbe; 4. dovresti; 5. vorremmo; 6. potrei; 7. dovremmo; 8. potrebbero; 9. potrebbe

5
1. a. perché b. Siccome (= poiché)
2. a. Siccome (= poiché) b. perché
3. a. perché b. Siccome (= poiché)
4. a. perché b. Siccome (= poiché)

PER PARLARE

2
- Quanto dura il corso B1 in presenza?
- Quando c'è il corso?
- Quando comincia?
- Mi posso iscrivere domani?
- Quanto costa?

U1

1a
1. g; 2. a; 3. f; 4. h; 5. d; 6. c; 7. e; 8. b
1. b; 1. St; 2. I; 3. St; 4. Se; 5. St; 6. St; 7. St; 8. I

Parte A

1b
1. La classe era luminosa, ma piccola.
2. C'erano quindici studenti di tutto il mondo.
3. Parlavano in italiano.
4. Erano piacevoli perché l'insegnante rispettava i bisogni linguistici degli studenti, sviluppava le abilità di base, usava materiali audio-visivi e giochi linguistici.
5. All'inizio Audrey non capiva e non riusciva a parlare in italiano.
6. Alla fine del corso, Audrey era soddisfatta perché poteva comprendere quasi tutto, si esprimeva in italiano e aveva molti amici.

2a
era, frequentavano, erano, dovevamo, erano, usava, permetteva, capivo, riuscivo, avevo, potevo, mi esprimevo, avevo, ero

2b
1. abbiamo frequentato; 2. parlavo; 3. correggeva; 4. conoscevo; 5. avevamo; 6. volevo

3
1. lentamente; 2. generalmente; 3. chiaramente; 4. Particolarmente; 5. Improvvisamente; 6. inutilmente; 7. velocemente

4
1. b. triste; 2. a. distratto; 3. b. felice

5
1. h; 2. f; 3. c; 4. g; 5. i; 6. b; 7. d; 8. a; 9. e

Parte B

1b
1. b; 2. c; 3. a; 4. c; 5. a

2
1. ottima; 2. massimo; 3. pessimo; 4. supremo/sommo; 5. minimo

3a
1. abitabile; 2. desiderabile; 3. applicabile; 4. mangiabile; 5. paragonabile; 6. verificabile

3b
1. illeggibile → che non si può leggere
2. incorreggibile → che non si può correggere
3. impronunciabile → che non si può pronunciare
4. incomprensibile → che non si può comprendere

Più scrivo 2 più parlo

5. invincibile → che non si può vincere
6. irripetibile → che non si può ripetere

4
1. ottimo; 2. abbastanza; 3. agitato; 4. bicicletta; 5. probabile; 6. prestare;
5
1. a. dal Nord al Sud dell'Italia; 2. b. arrabbiato

U2

1
1. scivolare; 2. inciampare; 3. tagliarsi; 4. scottarsi; 5. cadere

Parte A
1b
1. F; 2. V; 3. F; 4. V; 5. V; 6. F
1c
1. i; 2. h; 3. g; 4. l; 5. b; 6. d; 7. e; 8. c; 9. f; 10. a
1d
1. a; 2. b
2
1. è caduto, si è fatto; 2. sono inciampato, ho sbattuto, hanno fasciato; 3. è scivolata; 4. si è scottata; 5. mi sono tagliato/a; 6. Mi sono rotto, hanno ingessata

Parte B
1b
1. b; 2. c; 3. b; 4. a; 5. c; 6. c
2
1. cavarcela; 2. Me la cavo; 3. se la caverà; 4. ve la siete cavata; 5. se la cavavano
3
1. g; 2. e; 3. d; 4. b; 5. a; 6. f; 7. c
4
1. o r t o p e d i c o; 2. r a d i o l o g o; 3. d e r m a t o l o g o 4. g i n e c o l o g o; 5. d i e t o l o g o; 6. p s i c h i a t r a; 7. c h i r u r g o; 8. o c u l i s t a; 9. p e d i a t r a
Parola: R i m e t t i t i

PER PARLARE
1
Gino ha sette anni ed è un bambino terribile. Ieri il poverino ha ingoiato un bottone della sua camicia e non riusciva a respirare. Subito i suoi genitori hanno chiamato l'ambulanza. Così gli infermieri l'hanno portato in ospedale. Fortunatamente i medici l'hanno salvato da sicuro soffocamento. Gino aveva tanta paura di morire, ma alla fine se l'è cavata.

U3

1
1. borgo; 2. grattacielo; 3. costiera; 4. orto; 5. vicolo; 6. terrazza
2
1. b; 2. a; 3. d; 4. e; 5. c; 6. f
3
a-g; b-d; c-l; e-h; f-i
4
città: smog/inquinamento parcheggio, traffico, rumore, segnali stradali, cemento, grattacielo
campagna: verde, albero, bosco, orto, tranquillità/pace, pineta
città e campagna: verde, albero, bosco, giardino, orto, pineta

Parte A
1b
1. A; 2. B; 3. A; 4. B; 5. B; 6. A; 7. B
1c
1. b; 2. d; 3. f; 4. e; 5. a; 6. c
1d
1. sul; 2. nel; 3. con; 4. a; 5. alla; 6. In-a-di, dalla, in
1e
1. c; 2. a; 3. b; 4. f; 5. d; 6. e.
2
1. si può; 2. si può; 3. si possono; 4. si può; 5. si possono; 6. si possono.
3
1. mentre; 2. durante; 3. mentre; 4. mentre; 5. durante
4a
1. esprimere un desiderio; 2. riportare un'informazione non tanto sicura; 3. per dare un consiglio; 4. esprimersi con cortesia
4c
1. b; 2. a; 3. a; 4. b; 5. b; 6. b; 7. a

Parte B
1b
1. L'impiegato di banca; 2. Si trasferisce a Milano per lavoro con la famiglia e non ha tempo di cercare un appartamento; 3. Un collega che abita a Milano; 4. Cerca un appartamento di 100 metri quadri, in buone condizioni con tre camere da

CHIAVI

letto, doppi servizi e box per l'auto; 5 È disposto a pagare 1100/1200 euro al mese; 6. Deve contattarlo subito

1c
1. b; 2. d; 3. a; 4. c

2
1. come; 2. siccome; 3. come; 4. Siccome; 5. come; 6. siccome

PER PARLARE

I gruppo: 1. b; 2. a; 3. b; 4. a; 5. a; 6. a; 7. a; 8. b
II gruppo: 1. b; 2. b; 3. a; 4. a; 5. a; 6. a; 7. a; 8. a

U4

1a
1. rapina; 2. incendio; 3. scontro; 4. vincita al totocalcio; 5. omicidio; 6. salvataggio

1b
1. furto; 2. incendio; 3. rapinare, rapina; 4. soccorrere, soccorso; 5. scontro; 6. scippare; 7.-; 8. truffare, truffa

2
2. c; 3. b; 4. a; 5. f; 6. d; 7. e

Parte A

1a
1. Gita scolastica vietata agli studenti indisciplinati. (1.d) 2. - Un piccolo oggetto di seconda mano le ha cambiato la vita. (2.e) 3. Disegna gli occhi ad un quadro e finisce in prigione (3.f) 4. Salvati da un animale a quattro zampe (4.c) 5. Rider vittima di un incidente mortale. (5.b) 6. Alpinista travolto dalla neve. (6.a)

1b
1. C; 2. S; 3. S; 4. S; 5. S; 6. C; 7. C; 8. S; 9. S; 10. S; 11. C; 12. C

1c
1. b; 2. c; 3. a

2a
1. nessuno, niente; 2. Qualcuno, qualcuno, qualcosa; 3. ogni, ognuno

2b
1. alcuni sport estremi; 2. alcune ferite; 3. ci sono stati alcuni incendi; 4. alcune precauzioni; 5. alcune volte; 6. alcuni minuti

3
1. piromane; 2. vincita; 3. ombrello; 4. sorpasso; 5. terremotato; 6. esplodere; 7. denunciare; 8. alpinista; 9. imprudente

4
1. è stata ferita; 2. è stata derubata; 3. è stato investito; 4. è stata battuta; 5. sono stati fotografati; 6. è stato svaligiato; 7. è stato venduto; 8. sono stati denunciati

Parte B

1c
1. a; 2. d; 3. g; 4. e; 5. c; 6. f

2
1. cappuccio; 2. pistola; 3. felpa; 4. bottino

3
1. era già uscito; 2. aveva regalato; 3. era appena partito; 4. avevi portato; 5. avevi consigliato; 6. avevate già conosciuto; 7. avevamo cominciato; 8. l'aveva mai amata

4
1. quel; 2. quella; 3. quegli; 4. quell'; 5. quei; 6. quelle

PER PARLARE

1
1. e; 2. f; 3. c; 4. g; 5. a; 6. b; 7. d

U5

1
1. c; 2. g; 3. b; 4. e; 5. a; 6. d; 7. f

2
1. e; 2. d; 3. f; 4. b; 5. a; 6. c

3
rilassante/faticoso; divertente/noioso; avventuroso/tranquillo; economico/lussuoso; lungo/breve

Parte A

1a
1. b; 2. c; 3. a; 4. e; 5. d; 6. f

2a
1. hai mangiato, hai voluto/potuto/dovuto mangiare; 2. è partito, è voluto/potuto/dovuto partire; 3. siamo usciti, siamo voluti/potuti/dovuti uscire; 4. avete cantato, avete voluto/potuto/dovuto cantare; 5. hanno preso, hanno voluto/potuto/dovuto prendere; 6. ho messo, ho voluto/potuto/dovuto mettere

2b
1. b; 2. b; 3. a; 4. b; 5. a; 6. a

3
1. d; 2. c; 3. b; 4. a

4
1. negli, a; 2. dalla, da/in, a; 3. in, a; 4. per la, per, in; 5. in; 6. nell'; 7. in; 8. dalla; 9. in; 10. all'/sull'

Parte B

1b
1. Riviera Adriatica; 2. (albergo) lontano dal centro del paese e differente da quello del dépliant, (mare) pieno di alghe e meduse, (cibo) scadente, (pulmino) che saltava le corse; 3. rimborso delle spese

1c
1. f; 2. c; 3. e; 4. d; 5. a; 6. b

2
1. è; 2. vacanze; 3. dell'; 4. assente; 5. cosa; 6. rimborsarle; 7. Lei; 8. Sua

3
1. Anche; 2. pertanto; 3. quindi; 4. dunque; 5. Allora; 6. inoltre

4a
1. correndo; 2. sperando; 3. vedendo; 4. giocando; 5. camminando; 6. Sentendo; 7. facendo; 8. Uscendo

4b
1. d; 2. f; 3. e; 4. a; 5. c; 6. b

4c
1. Guardando le foto del mio primo viaggio all'estero, provo una grande emozione.
2. Andando in giro con la macchina, abbiamo trovato una spiaggetta privata.
3. RingraziandoLa dell'attenzione. Le porgiamo cordiali saluti.
4. Avete sempre ascoltato i nostri consigli, non dimenticandoli mai.
5. Sostenendone due a giugno, avrete finito tutti gli esami.

U6

1
1. sagra del vino; 2. processione religiosa; 3. mercatino dell'usato (delle pulci); 4. evento gastronomico; 5. maratona; 6. festa rinascimentale

Parte A

1b
1; 3; 7; 8

1c
1. d; 2. a; 3. b; 4. e; 5. g; 6. c; 7. f

1d
Gruppo A: 1. magnifico; 2. stupendo; 3. appassionante; 4. eccezionale; 5. meraviglioso; 6. fantastico; 7. mitico; 8. favoloso; 9. straordinario; 10. noioso
Gruppo B: 1. banale; 2. insignificante; 3. modesto; 4. orribile; 5. interessante; 6. suggestivo; 7. emozionante; 8. scadente; 9. coinvolgente; 10. indimenticabile

2a
1. che ha visto il tuo ragazzo con un'altra; 2. su mio fratello; 3. alla sua macchina; 4. nella torta; 5. a Serena; 6. con i cugini; 7. al concerto di Jovanotti

2b
1. [...] ci tenevi tanto; 2. [...], noi ci andiamo con piacere; 3. [...], ma io non ci credo; 4. [...] e ci pensate spesso; 5. [...] ci pensiamo noi; 6. [...], ma Federica non ci è mai stata; 7. [...] e io ci conto molto; 8. [...] e ci fate un sacco di cose; 9. [...] ma non sanno se ci riusciranno.

3a
1. avrei voluto; 2. avremmo voluto; 3. avrebbe voluto; 4. avrebbero voluto; 5. avresti voluto; 6. avreste voluto;

3b
1. volevo; 2. dovevi; 3. voleva; 4. dovevate; 5. potevano; 6. volevamo

Parte B

1b
1. È un amico di Laura ed è di Napoli; 2. Ha deciso di passare il prossimo fine settimana nella sua città; 3. Le piace lo sport e il teatro. L'annoia visitare musei e mostre; 4. Le consiglia di andare allo spettacolo teatrale del Mercadante perché studia psicologia e s'interessa della condizione femminile; 5. Potrebbe andare a Carditello per volare in mongolfiera; 6. Le propone di accompagnarla.

2
atteso/memorabile/spettacolare/unico/eccezionale/indimenticabile/sensazionale/raro/imperdibile/appassionante

3a
1. [...] ne sono sicura; 2. [...] ne sappiamo nulla; 3. [...] perché ne abbiamo bisogno; 4. [...] e ne farei volentieri a meno; 5. però noi non ne abbiamo il coraggio; 6. [...] che i tuoi figli non ne vogliono discutere/non vogliono discuterne; 7. [...] Che ne dici?; 8. [...], ma non ne parla mai

3b
1. essere sicuro/a di; 2. non sapere nulla di; 3. avere bisogno di; 4. fare a meno di; 5. avere il coraggio di; 6. discutere di; 7. dire di; 8. parlare di

4
1. anzi; 2. Invece; 3. anzi; 4. purtroppo; 5. invece; 6. anzi; 7. invece; 8. purtroppo; 9. anzi; 10. purtroppo

CHIAVI

PER PARLARE

1
1. ne; 2. andarci; 3. ci; 4. ne; 5. dai; 6. proprio; 7. da; 8. potremmo; 9. convinta; 10. anzi

U7

1
1. ristoratore; 2. portinaio; 3. giornalaio; 4. benzinaio; 5. gelataia; 6. commessa; 7. agricoltore; 8. muratore

2
1. parrucchiere; 2. stilista; 3. pompiere; 4. regista; 5. traduttore; 6. veterinario; 7. tabaccaio; 8. sarto; 9. pilota

3
1. c; 2. d; 3. e; 4. f; 5. b; 6. g; 7. h; 8. i; 9. a

4
1. cantante; 2. attrice; 3. infermiera; 4. cameriera; 5. sarta; 6. scrittrice; 7. insegnante; 8. dottoressa; 9. giornalista; 10. fotografa

Parte A

1
1. a; 2. b; 3. c; 4. c; 5. a; 6. c

2
3; 5; 6

3
Da fare: 1. porti; 2. Arrivi; 3. Spenga; 4. Risponda; 5. guardi; 6. parli; 7. sia; 8. ringrazi, saluti
Da non fare: 1. Non indossi; 2. Non arrivi; 3. Non risponda; 4. Non mostri, non abbia; 5. Non abbassi; 6. Non racconti; 7. Non fumi; 8. Non faccia

Parte B

1b
1. Alla c.a. del Responsabile dell'Ufficio del personale dell'Azienda ONETEAM
2. In riferimento all'inserzione pubblicata sul sito Trovalavoro il 18 gennaio u.s.
3. Restando a disposizione per ulteriori chiarimenti
4. allego il mio c.v.
5. In attesa di un cortese riscontro
6. La ringrazio della Sua attenzione
7. Cordiali saluti

2
1. c; 2. d; 3. f; 4. g; 5. b; 6. a; 7. e

U8

2
1. e; 2. d; 3. f; 4. c; 5. a; 6. b

Parte A

1b

pro	contro
1. È possibile comunicare con tutti quando abbiamo tempo e voglia. 2. È possibile incontrare l'amore della vita sui siti d'incontri. 3. È piacevole condividere idee e opinioni con altri utenti della rete. 4. È possibile ritrovare gli amici del passato e incontrarsi con loro.	1. Si tratta di "conoscenze" e non di vera amicizia. 2. Basta un click per cancellare un "amico" virtuale dalla propria vita. 3. I rapporti virtuali non possono sostituire in nessun modo i rapporti veri. 4. Molti malintenzionati si inventano dei falsi profili per interagire con gli utenti della rete. 5. Conoscere da vicino un amico virtuale può addirittura diventare pericoloso.

1c
conoscere-conoscenza, ricordare-ricordo, sostituire-sostituzione, interagire-interazione, comunicare-comunicazione, condividere-condivisione, connettersi-connessione

1d
a

2
1. beneducato; 2. maldisposto; 3. benvestito; 4. malessere; 5. maligno; 6. malpensante; 7. benedetto; 8. benintenzionato

3
1. arrivare – arriviate; 2. abbia – avere; 3. sia – essere; 4. poter – possano; 5. escano – uscire; 6. scrivere – scriva.

4
1. Penso che l'amicizia sia una cosa seria; 2. Penso che i rapporti virtuali non possano sostituire i rapporti veri; 3. Penso che sia piacevole condividere idee e opinioni con altri utenti della rete; 4. Penso che possa diventare pericoloso incontrare un amico virtuale; 5. Penso che molti malintenzionati si inventino dei falsi profili per interagire con gli utenti in rete.

5a
1. Autoscatto fotografico; 2. Profilo di un utente; 3. Utente di un social che si è registrato sulla pagina

Più scrivo 2
più parlo

social di un altro utente per visualizzarne i messaggi; 4. testo pubblicato da un utente social; 5. Faccine che mostrano emozioni; 6. La persona che riesce a influenzare le decisioni del suo pubblico; 7. Mi piace; 8. È un'abbreviazione di applicazione, di un programma che offre all'utente la possibilità di fare qualcosa; 9. Un video, una foto, un disegno ecc. capaci di attirare l'attenzione dell'utente che lo condivide; 10. Condivisione di un file, di un documento, di una foto, ecc.

Parte B
1b
1. F; 2. V; 3. F; 4. V; 5. V; 6. F
1c
1. b; 2. c; 3. a
2a
1. S; 2. C; 3. S; 4. S; 5. S; 6. C; 7. S; 8. S; 9. S
2b
1. sebbene; 2. nonostante; 3. anche se; 4. affinché; 5. anche se; 6. perché

PER PARLARE
1a
1. un; 2. un giorno; 3. gli; 4. c'è; 5. che; 6. su; 7. li; 8. si ritrovano; 9. a; 10. gli

---
U9

1
1. surgelati; 2. sottaceti e sottoli; 3. pasta fresca; 4. salumi; 5. merendine; 6. bibite; 7. scatolame; 8. condimenti; 9. prodotti biologici
2
1. fretta; 2. risparmiare; 3. stagione; 4. rapporto 5. alimentari; 6. pubblicità
3a
1. a; 2. b; 3. b; 4. a; 5. b; 6. a; 7. b,a; 8. b
3b
1. f; 2. a; 3. d; 4. b; 5. c; 6. h; 7. e; 8. g

Parte A
1b
Utensili: padella, mestolo di legno, recipiente
ingredienti: spaghetti, filetti di pomodoro, aglio, basilico, olio d'oliva, sale
azioni: mettere, soffriggere, togliere, versare, cuocere, mescolare, aggiungere, assaggiare, unire, bollire, scolare, servire

2a
1. avrà litigato; 2. avrai chiesto; 3. avrà perso; 4. avrete fatto; 5. sarà caduta; 6. avranno finito
2b
1. sarà arrivato; 2. avranno finito; 3. mi sarò laureato; 4. avrai letto; 5. avremo fatto; 6. saranno state; 7. avrete cucinato; 8. avrà consultato
3
1. c; 2. d; 3. a; 4. b; 5. e

4
1. Nel frattempo / Intanto; 2. Mentre; 3. Mentre; 4. Nel frattempo / Intanto; 5. Mentre

Parte B
1b
4; 5; 6
2
1. non serve; 2. Ci vogliono; 3. ci vuole; 4. occorrono; 5. occorrono; 6. Servono; 7. serve.
3
1. f; 2. e; 3. b; 4. c; 5. a; 6. d
4
1. frutta; 2. piccoli elettrodomestici; 3. verdure; 4. batteria; 5. erbe aromatiche; 6. spezie

PER PARLARE
1
1. B; 2. C; 3. A; 4. A; 5. B; 6. C; 7. A; 8. C; 9. B; 10. C
5
VEGETARIANA, CAPPUCCINO, VINO, CROCCANTE, UTENSILE, FAME = A TAVOLA (NON SI INVECCHIA MAI)

U10

1
2. assistenza ai minori; 3. protezione animali; 4. disabili; 5. immigrati; 6. senzatetto; 7. beni culturali; 8. anziani; 9. beni ambientali
2a
1. sensibile; 2. generoso; 3. indifferente; 4. disponibile; 5. bisognoso; 6. interessante; 7. utile; 8. coraggioso
2b
1. offrire; 2. assistere; 3. aiutare; 4. sostenere; 5. impegnare; 6. sacrificare; 7. accogliere; 8. proteggere

CHIAVI

Parte A

1b
1. Il volontariato è un'attività che alcune persone svolgono gratuitamente per aiutare gli altri.
2. In genere i volontari sono uomini e donne generosi: studenti, giovani laureati, impiegati o pensionati.
3. Sì, sono un "esercito".
4. Per altruismo e solidarietà verso gli altri.

1c
1. c; 2. d; 3. b; 4. a

Parte B

1b
Bianca; avvocato; sostegno ai minori; gioia Fabrizio; studente; sostegno agli anziani; amore Giulia; parrucchiera; protezione animali (cane); felicità e soddisfazione

2
1. che; 2. cui; 3. cui; 4. che; 5. cui; 6. cui; 7. Che;

2a
1. chiamo; 2. di; 3. particolarmente; 4. desidererei; 5. molto; 6. piacerebbe; 7. leggergli; 8. a; 9. qualche; 10. le; 11. sempre; 12. contattarmi

2b
1. del; 2. attività; 3. ogni; 4. un; 5. circa; 6. strutture; 7. La; 8. in; 9. colloquio; 10. Cordiali

3a
1. me lo; 2. te la; 3. glielo; 4. ce ne; 5. glieli; 6. gliela; 7. glielo; 8. ve ne; 9. gliene; 10. glieli

3b
1. te li (a te-i soldi); 2. glielo (a lei-un caffè); 3. me ne (a me-di cognac); 4. gliel' (a lei-questo); 5. ce la (a noi-la pizza); 6. ve la (a voi-la borsa); 7. gliela (agli studenti-la regola); 8. te l'ha (a te-la commedia); 9. te ne (a te-di riviste); 10. gliene (a Lei-di sigarette)
Regola: la vocale finale del participio si accorda con l'oggetto come se fosse un aggettivo.

3c
1. glieli ha spiegati; 2. me l'ha più restituita; 3. te l'ha regalato; 4. ce ne ha preparati molti; 5. gliele avete portate; 6. gliene abbiamo raccontate due

4
1; 7; 8; 11; 12

PER PARLARE

1
l'amore, secondi, significa, problemi, necessità, aiutarli a, in Italia, fanno, un, gli, altruisti, gente

U11

1a
1. l; 2. h; 3. a; 4. g; 5. b; 6. d; 7. e; 8. f; 9. i; 10. c

2
1. c; 2. d; 3. a; 4. b

Parte A

1b
pro: di bell'aspetto e tolleranti
contro: chiacchieroni, pessimi ascoltatori, interessati soltanto al suono della propria voce, maniaci della moda, non sono latin lover, nessuno paga le tasse, non hanno il senso dello stato, individualisti, non sono coraggiosi, furbi, ipocriti

1c
1. f; 2. e; 3. c; 4. d; 5. b; 6. a

1d
1. b; 2. a; 3. c

Parte B

1b
1. Consiste nell'attribuire caratteristiche schematiche e fisse, positive o negative ad un gruppo sociale o a un popolo, senza conoscerlo.
2. Perché è possibile cadere nella trappola dei pregiudizi.
3. Che l'idea che aveva degli italiani era sbagliata e che ogni italiano ha la sua personalità.
4. Certamente! Basta allargare i propri orizzonti culturali.

2
1. simpatia; 2. individualista; 3. pigro; 4. eleganza; 5. geloso; 6. buongustaio; 7. rumore; 8. furbo; 9. ospitale; 10. allegria

3a
1. Con questo libro la lingua italiana è appresa con piacere dagli studenti stranieri.
2. Sono stati arrestati dalla polizia tre ladri che rubavano portafogli ai turisti.
3. Domani sarà festeggiato solennemente da tutti gli italiani l'anniversario della nascita della Repubblica.
4. L'America sarebbe stata scoperta da Cristoforo Colombo nel 1492.
5. Dall'albergatore in persona i clienti erano stati avvertiti in tempo della chiusura di una parte della struttura alberghiera per lavori.
6. Sicuramente ieri la partita in tv sarà stata seguita da molti tifosi del Milan.

Più scrivo 2 più parlo

7. Un tempo dagli italiani che andavano in vacanza erano spedite molte cartoline agli amici.
8. Penso che questa notizia sia pubblicata presto dai giornali.
9. La cena agli ospiti cinesi sarebbe offerta dai miei amici.
10. I problemi dei giovani devono essere compresi dagli adulti.

3b
1. è appresa= viene appresa / 3. sarà festeggiato = verrà festeggiato / 7. erano spedite= venivano spedite / 8. sia pubblicata= venga pubblicata / 9. sarebbe offerta= verrebbe offerta / 10. essere compresi = venire compresi

4
1. all' ; 2. in; 3. del; 4. a; 5. del; 6. del; 7. di; 8. a; 9. con; 10. della

U12

1
1. d; 2. e; 3. c; 4. b; 5. a; 6. f

3
1. C; 2. C; 3. S; 4. S; 5. C; 6. S; 7. S; 8. S; 9. C; 10. C

Parte A

1b
1. A; 2. A; 3. B; 4. B; 5. A; 6. B; 7. A; 8. A

2a
fosse; avesse; provasse

2b
1. fosse; 2. rispondessi; 3. desse; 4. dicessimo; 5. funzionassero; 6. si separasse; 7. volesse; 8. litigaste;

3
1. aumento; 2. sopportare; 3. grave; 4. attraverso; 5. perfino; 6. tradimento; 7. motivi; 8. ideale; 9. doveri; 10. amore

Parte B

1b
1. sì; 2. no; 3. no; 4. sì; 5. sì; 6. sì; 7. sì; 8. no

1c
1. d; 2. b; 3. a; 4. c

1d
1. litigio; 2. reazione; 3. sbagliare; 4. imporre; 5. educazione; 6. rallentamento; 7. conseguire; 8. suggerire

2
1. b; 2. b; 3. a; 4. b; 5. b; 6. a; 7. b

3
1. Volevo prendere il treno, ma non ce l'ho fatta.
2. Non ce la facciamo più a sentire le tue lamentele.
3. Pensavi di non farcela a finire i tuoi compiti?
4. Fortunatamente ce la farete a venire in vacanza con noi!

4
5. avessi; 2. lasceresti; 3. andremmo; 4. comprasse; 5. fosse; 6. preparerebbero; 7. prendeste 8. venissi

U13

1
a. unghie con smalto; b. bilancia; c. tatuaggio; d. set da trucco; e. pettinatura; f. crema idratante; g. maschera antirughe; h. bigodini

2
1. aspetto; 2. viso; 3. portare; 4. mania; 5. modello; 6. dieta; 7. perfetto

3
Ritocchino

Parte A

1a
1. c; 2. d; 3. b; 4. a

1b
1. a; 2. a; 3. b; 4. b; 5. b; 6. a; 7. b; 8. a; 9. b; 10. a

2
1. ind. 2. cong. 3. ind. 4. ind. 5. cong. 6. cong. 7. ind. 8. ind.

3
1. all'; 2. alla; 3. nell'; 4. in; 5. a; 6. nel 7. ai; 8. all'

4
I gruppo 1. (aspetto) fisico; 2. (digiuno) massacrante; 3. (proporzioni) esagerate; 4. (importanza) enorme; 5. (centro) estetico, 6. chirurgo (plastico); 7. (disturbo) alimentare; 8. (dipendenza) psicologica; 9. (sostanza) chimica; 10. (conseguenze) spiacevoli
II gruppo 1. tatuare (corpo); 2. indossare (abito); 3. provocare (dipendenza); 4. raggiungere (ideale); 5. condizionare (rapporto); 6. attribuire (importanza); 7. porsi (domanda); 8. mutare (canoni); 9. bombardare (pubblicità); 10. bisturi (ricorrere al)

Parte B

1b
1. A; 2. B; 3. A; 4. A; 5. B; 6. A; 7. A; 8. B

CHIAVI

1c
c. deridere qualcuno
1d
1. decoro; 2. offesa; 3. paura; 4. scolastico; 5. civile; 6. elegante; 7. educazione; 8. umiliazione; 9. delicato
3
1. f; 2. f; 3. c; 4. f; 5. c; 6. c; 7. f;
4
1. non ci si veste; 2. ci si alza; 3. ci si trova; 4. ci si diverte; 5. ci si mette; 6. ci si vergogna

ORA TOCCA A TE

1. Oggi solo chi ha un aspetto perfetto ha concrete opportunità di successo nelle relazioni con gli altri
2. Il mito della bellezza sta assumendo proporzioni esagerate e preoccupanti perché moltissime persone curano nei particolari il loro aspetto
3. Questo mito ha conseguenze spiacevoli perché si dà più importanza al corpo che alla mente
4. I canoni della bellezza cambiano, ma la vera bellezza non è soggetta alle mode, visto che si trova nella gentilezza d'animo

U14

1
1. ruolo; 2. premio; 3. telecomando; 4. copione; 5. drammaturgo; 6. telegiornale; 7. compagnia; 8. palcoscenico; 9. serie
2
1. g; 2. f; 3. d; 4. a; 5. c; 6. i; 7. h; 8. b; 9. l; 10. e

Parte A

1b
1. V 2. F 3. V 4. F 5. V 6. F 7. F 8. V
1c
1. a 2. b 3. b 4. a 5. b 6. a 7. a 8. b 9. a
1d
1. b; 2. a
2
1. fossi; 2. ero; 3. abbia; 4. studiate; 5. amassero; 6. trasferiremo
3
cinque coppie di aggettivi contrari: 1. angosciante / rilassante; 2. commerciale / impegnato; 3. tragico / comico; 4. divertente / noioso; 5. pesante / leggero

coppia di sinonimi: 1. avvincente = appassionante
4
1. un; 2. sua; 3. a; 4. da; 5. al; 6. cui; 7. si; 8. lo; 9. qualcosa; 10. le

Parte B

1b
1. non conosceremmo attori di talento; 2. nessuno recita come De Filippo; 3. conoscere un'opera interessante; 4. il lavoro degli attori e di tutto il cast per interpretare quest'opera; 5. non dobbiamo neanche toccare le opere del passato?; 6. continua ad essere attuale per tutti in ogni epoca; 7. come nell'opera originale; 8. non è giusta; 9. posso dire che l'opera rivisitata mi è piaciuta tanto
1c
1. S; 2. S; 3. C; 4. C; 5. S; 6. S; 7. S; 8. C
2
1. vanno premiati; 2. vada guardata; 3. andranno dimenticati; 4. andasse finito; 5. andrebbe bevuta; 6. andava detta; 7. andrebbero mantenute; 8. va curata; 9. andrebbero tradotte
3
1. del; 2. in; 3. dal, in; 3. a; 4. a; 5. in; 6. a
4
orizzontali: 1. problema; 2. tema; 3. prima
verticali: 1. poeta; 2. regista; 3. opera; 4. battuta; 5. locandina; 6. scena; 7. dramma 8. artista
parola: dilemma
maschili: 1. problema; 2. tema; 3. poeta; 4. regista; 5. dramma; 6. artista; 7. dilemma

U15

1
1. b; 2. c; 3. e; 4. d; 5. h; 6. a; 7. f; 8. g

Parte A

1b
C'era una volta un giovane gambero che voleva imparare a camminare in avanti. All'inizio si esercitava ogni giorno, ma non era facile. Finché un giorno ci riuscì. E così andò dai suoi familiari per mostrargli che cosa aveva imparato. Ma la sua famiglia non ne fu contenta: sua madre si mise a piangere, suo padre lo minacciò e i suoi fratelli risero. Alla fine il gambero lasciò i suoi e partì.
1c
1. a; 2. b; 3. b; 4. a

Più scrivo più parlo 2

1d
1. inseguire; 2. progresso; 3. costanza; 4. controcorrente

2a
1. pensò (pensare); 2. cominciò (cominciare); 3. andarono (andare); 4. fu (essere); 5. si presentò (presentarsi); 6. disse (dire); 7. fece (fare); 8. scoppiò (scoppiare); 9. stette (stare); 10. abbracciò (abbracciare); 11. salutò (salutare); 12. si avviò (avviarsi)

2b
1. nacque; 2. maturò; 3. riuscì; 4. iniziò; 5. s'interessò; 6. spinse; 7. si fece; 8. scrisse; 9. durò; 10. pose

3
originale banale verosimile misteriosa avvincente insulsa noiosa
complicata curiosa divertente dolorosa squallida paradossale terrificante significativa toccante triste imprevedibile reale strana

Parte B

1b
Titolo: La casa nel bosco / *Autori*: Gianfranco e Francesco Carofiglio *Protagonisti*: due fratelli molto diversi di carattere che non si frequentano e conducono vite diverse.
Trama: I protagonisti, costretti a restare insieme nella vecchia abitazione della loro infanzia, si riconciliano. *Luogo*: la vecchia casa si trova in un bosco che, come nelle favole, rappresenta il passaggio dall'infanzia alla maturità *Punti forti*: la lettura di questa storia é semplice e lineare perciò piacevole. *Punti deboli*: il finale aperto.

1c
1. f; 2. c; 3. l; 4. h; 5. e; 6. a; 7. i; 8. d; 9. b; 10. g

2
un (insegnante); pubblicato; su (riviste); Le (scrivo); e (disponibilità); in (francese); accaduti; mi sono (trasferito); oltre al; potrà; Le (invierò); (capitoli) tradotti

---

U16

1
1. consumismo; 2. consumatore; 3. consumistico; 4. consumare

2
1; 4; 6

Parte A

1b
1. Sì; 2. Sì; 3. No; 4. Sì; 5. No; 6. No; 7. No; 8. Sì

1c
1. a; 2. b; 3. b; 4. a; 5. a; 6. b; 7. a; 8. a; 9. a; 10. b

1d
1. a; 2. per le; 3. a; 4. di; 5. al; 6. per; 7. sui; 8. sugli

2
1. c; 2. f; 3. e; 4. a; 5. d; 6. g; 7. b

3
1. perplesso; 2. scampo; 3. utilizzi; 4. base; 5. diffondere; 6. versione; 7. sia; 8. secondo; 9. aggregarsi; 10. epoca

Parte B

1b
1. È possibile vederle ovunque; 2. Quello di permettere al pubblico di conoscere un prodotto e sceglierlo; 3. Utilizzano tecniche in modo da influenzare l'acquirente e spingerlo a comprare anche il superfluo; 4. Usano immagini colorate, musiche piacevoli, slogan martellanti; 5. Nel senso che le aziende aumentano le vendite e i guadagni; 6. Perché non riescono ad avere la vita promossa dalle pubblicità; 7. Le vittime sono soprattutto i bambini e gli adolescenti; 8. Prima di fare un acquisto, dovremmo riflettere se un prodotto è davvero necessario per noi.

1c
1. produzione; 2. scegliere; 3. infuenzare; 4. acquisto; 5. aumento; 6. vendere; 7. creare; 8. illusione; 9. promuovere; 10. manipolazione

2
frase: La pubblicità è l'anima del commercio.

3
1. Immagino che a. tu trovi b. tu abbia trovato; 2. È probabile che a. sia uscita b. esca; 3. Avete paura che a. abbiamo perso b. perdiamo; 4. Loro non credono che a. io guardi b. abbia guardato; 5. Non siete sicuri che a. bevano b. abbiano bevuto; 6. Si dice che a. siate partiti b. partiate

4
1. ovunque (dovunque); 2. chiunque; 3. quantunque; 4. comunque; 5. qualunque

CHIAVI

U17

1
1. e; 2. a; 3. b; 4. h; 5. d; 6. f; 7. c; 8. g

2
1. conquistare; 2. orbita; 3. finanziare; 4. spazzatura; 5. segnale; 6. assenza; 7. sbarco; 8. solare

Parte A

1b
1. A; 2. B; 3. A; 4. B; 5. A; 6. B

1c
1. f; 2. g; 3. h; 4. e; 5. d; 6. a; 7. b; 8. c

1d
1. a; 2. a

2a
1. avesse sposato; 3. avessi risolto; 4. fossero nati

2b
1. avessero detto; 2. fossi riuscito; 3. avesse letto; 4. avesse mangiato; 5. si fossero laureati; 6. ti fossi dimenticato/a; 7. avesse cambiato; 8. fossero partiti

3
1. l'; 2. causa; 3. salire; 4. suoi; 5. dal; 6. torta; 7. tutti; 8. gli; 9. assenza; 10. quello

4
lo spazio-gli spazi; l'astronauta-gli astronauti; il pianeta-i pianeti; il meteorite-i meteoriti; lo sbarco-gli sbarchi; il sistema-i sistemi; lo scienziato-gli scienziati; il robot-i robot; la specie-le specie; l'uomo-gli uomini

Parte B

1b
Cose da evitare: fumare e bere alcolici, essere pessimisti, assumere medicinali senza prescrizione medica.
Tutte le altre azioni citate sono cose da fare

1c
1. allungare; 2. alimentazione; 3. ridurre; 4. esagerare; 5. cura; 6. riso; 7. camminata /cammino; 8. rinunciare; 9. lettura; 10. assunzione

1d

1 gruppo- (Lei)	2 gruppo- (tu)
eviti	evita
abbia, dorma	abbi, dormi
faccia, riduca	fa' (fai), riduci
beva	bevi
si prenda cura	prenditi cura
non sia	non essere
coltivi	coltiva
rida	ridi
svolga	svolgi
coltivi	coltiva
non assuma	non assumere

2
1. Per rilanciare la ricerca scientifica occorre stanziare dei fondi.
2. Il segreto della longevità è coltivare interessi e stare in attività.
3. La scienza odierna ha fatto passi da gigante in molti settori.
4. Alcuni giochi possono essere utili per esercitare la memoria.
5. Alcuni studiosi hanno dimostrato che ridere fa bene al cuore e alla mente.
6. La solitudine e la noia sono i peggiori nemici dell'uomo perché lo fanno invecchiare presto.

U18

1
2. b; 3. h; 4. c; 5. f; 6. a; 7. g; 8. d

2
1. distruggere; 2. soccorso; 3. globale; 4. prevenzione; 5. sprecare; 6. nocivo
parola: doloso

Parte A

1b
1; 4; 5

2
1. effetto serra; 2. innalzamento del livello del mare; 3. siccità e desertificazione; 4. incendi; 5. inquinamento atmosferico; 6. malattie e epidemie; 7. inondazioni e frane

3
1. Perturbazioni atlantiche, le cui conseguenze saranno pioggia e grandine, stanno per abbattersi sulla nostra città; 2. I vigili del fuoco, i cui compiti sono vari, hanno salvato un cane che era caduto nel lago; 3. Una scossa sismica, il cui epicentro era a poca distanza dal villaggio, ha causato il crollo di alcune abitazioni; 4. L'eruzione del vulcano, il cui fumo era visibile da lontano, ha causato problemi al traffico aereo; 5. Una valanga di neve, la cui grandezza ha travolto un gruppo di escursionisti, era davvero imponente

Più scrivo più parlo 2

4
1. c; 2. a; 3. d; 4. b; 5. f; 6. g; 7. e

Parte B
1b
1. Lo scopo è contestare l'importo troppo alto di una bolletta della luce; 2. Del fatto che era in vacanza e non usava la corrente elettrica; 3. Esige che venga fatto un controllo e che venga emessa una nuova bolletta; 4. Allega una copia della bolletta che contesta; 5. Seguirà le vie legali

1c
1. sicuramente; 2. ferie; 3. usufruivo; 4. importo; 5. precedente; 6. errata; 7. verificare; 8. fattura; 9. costretto; 10. riscontro

2
1. e; 2. h; 3. c; 4. f; 5. g; 6. d; 7. b; 8. a; 9. i
a. di reclamo o contestazione; b. per esprimere dispiacere o disappunto; c. di richiesta d' informazioni; d. di richiesta di consigli; e. d' invito; f. di ringraziamento; g. di auguri; h. di scuse; i. per esprimere gioia

3
indicativo: perché (causale) - quando - mentre - dopo che - siccome - poiché
congiuntivo: perché (finale) - affinché - nonostante - purché - prima che - benché - senza che - così che
Si può inserire in tutti e due i riquadri la congiunzione se

U19

1
2. immigrato; 3. passaporto; 4. integrarsi; 5. emigrato; 6. centro d'accoglienza; 7. clandestino; 8. xenofobia; 9. emarginare; 10. rimpatrio
1. rimpatrio; 2. emarginare; 3. integrare; 4. sbarcare; 5. accoglienza; 6. soggiorno; 3. discriminare 8. tollerare

Parte A
1b
1. a; 2. b; 3. a; 4. c; 5. d

1c
1. Per prima cosa/ innanzitutto; 2. Innanzitutto / Per prima cosa; 3. Successivamente (poi/dopo); 4. inoltre; 5. Poi/Dopo (successivamente); 6. infine

2
ho dichiarato/dichiarai - ho chiesto/chiesi - ho aggiunto/aggiunsi - ho risposto/risposi - ho espresso/espressi - ho esclamato/esclamai - ho affermato/affermai - ho esposto/esposi - ho annunciato/annunciai - ho riferito/riferii - ho domandato/domandai - ho sostenuto/sostenni - ho suggerito/suggerii - ho raccontato/raccontai - ho voluto/volli sapere - ho narrato/narrai

3
a. Abdul racconta al giornalista che ha lasciato l'Africa principalmente per motivi economici, in cerca di un lavoro e di una vita migliore, spinto da amici che vivono già in Italia. Aggiunge che stare lontano dalla famiglia, però, è difficile. Gli manca molto il sorriso dei suoi fratelli più piccoli e l'abbraccio dei suoi genitori.
b. Abdul ha raccontato/raccontò al giornalista che aveva lasciato l'Africa principalmente per motivi economici, in cerca di un lavoro e di una vita migliore, spinto da amici che vivevano già in Italia. Ha aggiunto/aggiunse che stare lontano dalla famiglia, però, era difficile. Gli mancava molto il sorriso dei suoi fratelli più piccoli e l'abbraccio dei suoi genitori.

4
1a. Mino mi chiede se rimango (io rimanga) a casa nel fine settimana 1b. Mino mi chiese se rimanevo (io rimanessi) a casa nel fine settimana 2a. Anna ti chiede perché non l'aiuti a fare questo lavoro. 2b. Anna ti chiese perché non l'aiutavi (tu non l'aiutassi) a fare quel lavoro. 3a. Antonio domanda a Franca se ha telefonato (lei abbia telefonato) a Luigi. 3b. Antonio domandò a Franca se aveva telefonato (avesse telefonato) a Luigi. 4a. I colleghi chiedono a Teresa se vuole (lei voglia) parlare con il direttore. 4b. I colleghi chiesero a Teresa se voleva (lei volesse) parlare con il direttore. 5a. Domando a Serena se si sente (si senta) pronta per il matrimonio. 5b. Domandai a Serena se si sentiva (si sentisse) pronta per il matrimonio.

Parte B
1b
1. F; 2. V; 3. V; 4. F; 5. F; 6. F; 7. V; 8. F

2a
1. Se Tullio avesse avuto talento, sarebbe diventato uno scrittore famoso
2. Se Irene e Massimo avessero adottato un cane, non si sarebbero sentiti tanto soli

CHIAVI

3. Se tu fossi partito con l'aereo, non saresti arrivato in serata
4. Se avessimo studiato, avremmo superato l'esame senza difficoltà
5. Se aveste seguito i consigli dei vostri genitori, avreste evitato di sbagliare
6. Se fossi stato al posto tuo, avrei lasciato l'Italia per trasferirmi in Germania

2b
Risposte indicative:
1. se avessi avuto i soldi; 2. se te l'avesse fatta; 3. se aveste scritto una lista; 4. se i vicini non l'avessero denunciato; 5. se non avessimo avuto l'ombrello; 6. se avessi saputo che c'era Tommaso.

3
1. dignitosamente; 2. invecchia; 3. investire; 4. privi; 5. delusi; 6. dubbio; 7. opportunità

4
1. titolo di studio; 2. attività lavorative; 3. sentimenti

5
1. giovane; 2. laurea; 3. un; 4. che; 5. mia; 6. cercano; 7. fare; 8. perdere; 9. se; 10. a

---

U20

1a
a. busto; b. natura morta; c. reperto; d. castello; e. affresco; f. ritratto; g. vignetta; h. bassorilievo

1b
1. pittore; 2. architetto; 3. scultore; 4. archeologo; 5. restauratore; 6. incisore

1c
1. disegno; 2. dipinto; 3. scultura; 4. restauro; 5. costruzione; 6. incisione; 7. ritratto; 8. affresco

Parte A

1b
Titolo del quadro: Il bacio / Autore: Francesco Hayez / Dove si trova: Milano / Corrente artistica: Romanticismo/ Descrizione: in primo piano ci sono due giovani che sono in piedi abbracciati e si baciano / a sinistra sul muro c'è un'ombra / Abbigliamento del giovane: un cappello e un ampio mantello / Abbigliamento della giovane: un semplice abito azzurro / Ambientazione: castello medioevale /
Probabile riferimento storico: guerra contro gli oppressori Austriaci.

1c
1. d; 2. f; 3. h; 4. a; 5. g; 6. b; 7. e; 8. c

2
1. scultura; 2. castello; 3. Patriottismo; 4. aspetto; 5. ombra; 6. capelli; 7. blu; 8. alleato

3
1. scherzando; 2. per comprare; 3. lavorando; 4. dormendo; 5. per telefonare; 6. dicendo; 7. per chiudere; 8. guardando

4
1. andando; 2. essendo; 3. avendo litigato 4. Avendo tempo libero; 5. non avendo prenotato; 6. non volendo

5
1. archeologica; 2. patrimonio; 3. eruzione; 4. lava; 5. reperti; 6. suppellettili; 7. costumi; 8. duemila

Parte B

1b
1. F; 2. V; 3. F; 4. F; 5. V; 6. V

1c
1. passivamente; 2. contraddire; 3. interpretare; 4. gratificante; 5. curiosità

2
1. Avendo concluso l'affare; 2. Essendo terminata la lezione; 3. Avendo preso le medicine; 4. Avendo mangiato la pasta; 5. Essendo entrati nel Museo; 6. Essendo uscita; 7. Avendo sentito i bambini; 8. Essendo rimasto a casa

3
1. mosaico; 2. lunetta; 3. nicchia; 4. arco; 5. cupola; 6. rosone

4
1. conclusiva 2. restrittiva 3. concessiva 4. causale 5. avversativa 6. temporale 7. finale 8. consecutiva 9. esplicativa

5
1. nasce; 2. ribellione; 3. da (Milano); 4. è (entrata); 5. riconosciute; 6. negli (street artist); 7. espressiva; 8. letteralmente; 9. permesso; 10. riqualificazione; 11. dall' (altro); 12. attualità; 13. un (veicolo)